說出品味故事，成就你的與眾不同。

美好
舊金山

100 個你一定要知道的
關鍵品味

POWELL
AND
MARKET
HYDE AND BEACH
FISHERMANS
WHARF
6
meet me at the BV!
the
Buena
Vista
home of the world-famous
IRISH COFFEE
cafe & gift shop
corner of hyde and beach
www.thebuenavista.com

石吉弘攝

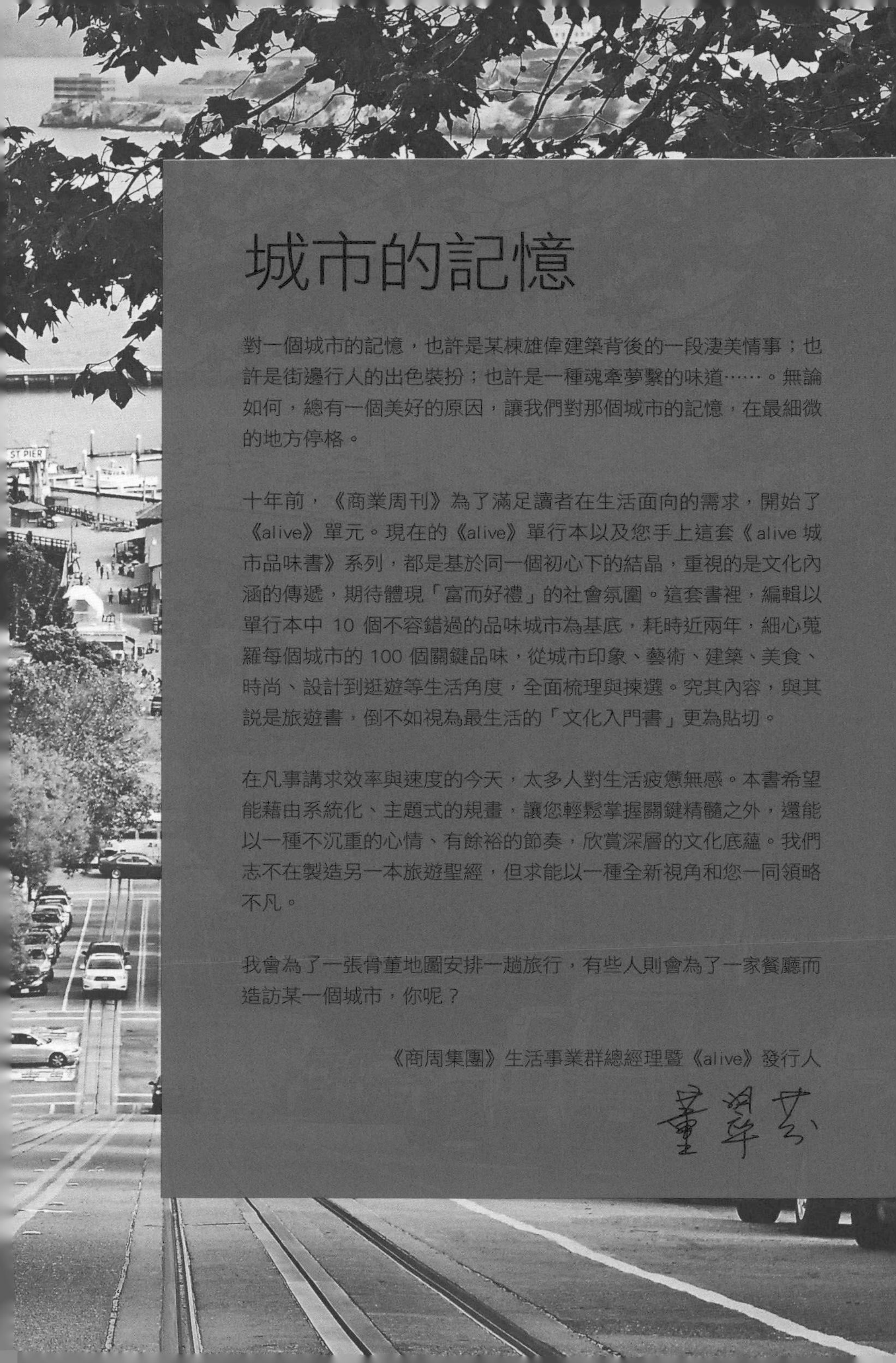

城市的記憶

對一個城市的記憶，也許是某棟雄偉建築背後的一段淒美情事；也許是街邊行人的出色裝扮；也許是一種魂牽夢繫的味道……。無論如何，總有一個美好的原因，讓我們對那個城市的記憶，在最細微的地方停格。

十年前，《商業周刊》為了滿足讀者在生活面向的需求，開始了《alive》單元。現在的《alive》單行本以及您手上這套《alive 城市品味書》系列，都是基於同一個初心下的結晶，重視的是文化內涵的傳遞，期待體現「富而好禮」的社會氛圍。這套書裡，編輯以單行本中 10 個不容錯過的品味城市為基底，耗時近兩年，細心蒐羅每個城市的 100 個關鍵品味，從城市印象、藝術、建築、美食、時尚、設計到逛遊等生活角度，全面梳理與揀選。究其內容，與其說是旅遊書，倒不如視為最生活的「文化入門書」更為貼切。

在凡事講求效率與速度的今天，太多人對生活疲憊無感。本書希望能藉由系統化、主題式的規畫，讓您輕鬆掌握關鍵精髓之外，還能以一種不沉重的心情、有餘裕的節奏，欣賞深層的文化底蘊。我們志不在製造另一本旅遊聖經，但求能以一種全新視角和您一同領略不凡。

我會為了一張骨董地圖安排一趟旅行，有些人則會為了一家餐廳而造訪某一個城市，你呢？

《商周集團》生活事業群總經理暨《alive》發行人

董翠芬

目錄 contents

城市的記憶

008 **編輯手記**

住進舊金山的光線裡

010 **名人談舊金山**

蔡惠民

屈享平（HP）

林君倩

吉卜林

艾靈頓公爵

薩洛揚

城市印象 Image

014 **一座陽光城市**

01 忠於自我的美好

016 **三大美好精神**

02 愛與包容

03 見怪不怪

04 勇敢做夢

022 **兩股解放思潮**

05 垮世代

06 嬉皮運動

026 **嬉皮五種穿搭**

07 頭戴花朵

08 綁染短 T

09 皮製品

10 蓄髮蓄鬍

11 勃肯鞋

030 **四大活動盛事**

12 同志驕傲大遊行

13 不一定是草根藍調音樂節

14 越灣長跑

15 舊金山拉丁狂歡節

美食 Gourmet

040 **料理一大特色**

16 加州風料理

042 **一位蔬食革命家**

17 愛麗絲．華特斯

046 **華特斯兩大飲食哲學**

18 順應自然

19 尊重土地

050 **三家必嘗名店**

20 法國洗衣坊

21 Ad Hoc 星級家常菜

22 Bouchon 小酒館

058 **一場趣味餐宴**

23 戶外野宴

060 **野宴兩大精神**

24 天地為家，親近自然

25 當季飲食，簡單烹調

064 **兩波咖啡革命**

26 精品咖啡

27 手沖咖啡

072 **一大風情酒飲**

28 加州酒

074 **一輛品酒列車**

29 納帕品酒列車

078 **一位釀酒怪才**

30 葛蘭姆

082 **六款話題加州酒**

31 Stag's Leap Wine Cellars

32 Robert Mondavi

33 Opus One

34 Screaming Eagle

35 Ridge Vineyards

36 Schramsberg

088 **三大餐車嘉年華**

37 濱海舞池旁

38 市政廳旁

39 金門大橋旁

092 **三台美味餐車**

40 The Chairman

41 Bacon Bacon

42 Sam's Chowder Mobile

時尚 Fashion

098 一件性感內衣
43 維多莉亞的祕密

102 時尚金三角
44 牛仔褲
45 T恤
46 帆布鞋

112 一大平價時尚
47 Gap

建築 Architecture

116 四棟有趣建築
48 維多利亞建築
49 柯伊特塔
50 泛美金字塔
51 迪楊美術館

124 辦公室兩種酷設計
52 幽默搞笑，消除疲憊
53 空中森林，激發創意

128 四位科技人居家品味
54 YouTube 創辦人的科技大宅
55 愛比科技 CEO 的艾克勒屋
56 矽谷科技人的大車庫好宅
57 充電站創辦人的花園好屋

設計 Design

138 九款運動潮物
58 郵差包
59 護目運動眼鏡
60 理想登山包
61 全防水外套
62 頂級登山帳篷
63 衝浪設備
64 印花機能靴
65 避震網球鞋
66 運動手環

150 五項科技新時尚
67 Tesla 電動車
68 Mission RS 電動摩托車
69 Faraday 電動腳踏車
70 Nest 溫度調節器
71 Jambox 無線喇叭

©達志影像

逛遊 Travel

158 **漁人碼頭四樂事**

72 大啖鄧金斯螃蟹
73 必喝蛤蜊巧達湯
74 39 號碼頭曬海獅
75 機械博物館懷舊

164 **單車遊六大景點**

76 藝術宮
77 克里西菲爾德公園
78 要塞公園
79 金門大橋
80 索薩利托
81 蒂伯龍

176 **六個漫遊好去處**

82 朵勒斯公園
83 金門公園
84 九曲花街
85 叮噹車總站
86 海灣大橋
87 天使島

188 **五家好吃小鋪**

88 Fourbarrel Coffee 咖啡店
89 Tacolicious 墨西哥小吃
90 Tartine 可頌烘焙坊
91 Mission Cheese 起司吧
92 Bi-Rite Market 食品老鋪

194 **八間人文小店**

93 City Lights Bookstore 人文書店
94 Dog Eared Books 獨立書店
95 826 Valencia 海盜雜貨店
96 Harrington Galleries 老家具行
97 Mission Bicycle 單車行
98 Chrome 郵差包
99 Synergy 有機服飾
100 Taylor Stitch 休閒襯衫店

204 **城市資訊**

205 **地圖**

編輯手記

住進舊金山光線裡

記憶中的舊金山，一個城市，兩種光線。一種光線是從清透的藍天穿射而下極透明的陽光，另一種則是室內一個角落溫暖的黃光。兩種光線來自對於舊金山兩間青年旅館的記憶。

第一次，一個人跑去舊金山，沒什麼錢，所以住青年旅館。第一間是市中心青年旅館（YH City Center）。那一小區交通很方便，游民不少，許多人或許會視為缺點，但附近小餐廳相對便宜，貧窮旅行很合適。5 人一間的宿舍房，很少看到室友，晚上，我到旅館的小客廳裡去交交朋友，打發無聊的時間。

客廳中只有一位老兄，是真的「老」兄，因為他看起來像 70 歲。健談的他，來自美國內陸的保守小鎮，到舊金山是為了圓這一輩子的夢想：在美國的同性戀人權聖地朝聖。他已經玩遍這彩虹旗的城市，也交了許多朋友，再過兩天就要打道回府。襯著沙發旁溫暖的小燈，老先生臉上的線條十分深刻，我記得他滿臉都是笑紋，表情如此心滿意足。大概是因為他在舊金山可以放心做自己，對一個陌生人都可以自由敞開心懷。

如果第一間青年旅館是貧窮旅者的人間，那麼第二間在梅森堡（Fort Mason）的青年旅館就像天堂了。這家前身是百年美軍基地的旅館，基地中綠草如茵，往外走一點，就可以看到舊金山最具代表性的景色：沙灘、海鳥、慢跑者、遠方紅色的金門大橋（Golden Gate Bridge）。

這裡有一種讓我想伸懶腰與微笑的感覺，也有一種讓你想跟每個人打招呼的氣氛。正是這城市的陽光，讓這一切變得迷人。最美的小生活，就在這裡。

文 / 孫秀惠

名人談舊金山

舊金山自由、包容的力量影響全世界，且聽以下幾位名人談舊金山，帶領我們進入舊金山的美好品味中。

蔡惠民

食書作家

《裸食廚房》、《手作
《裸食：好食 好日 好味道

蔡惠民 提供

擁山臨海，有科技摩登，富蘊維多利亞古典風情，傳奇淘金史與嬉皮文化，交織出既衝突又和諧的人文情調，再佐以宜居的類地中海型氣候，讓小舊金山成為美國唯一可以和大紐約比拼的魅力之都。

屈享平（HP）

葡萄酒作家

葡萄酒講談社 社長
bogie633@hotmail.com

摘自商業周刊 1315 期

加州酒積極創造屬於自己的身分，強調對自己土地的認同。酒界常言：「批評加州酒容易，但每逢批評後，加州酒面對市場的反應也最為敏銳！」

林君倩 Angie Lin

設計人

1009 Design 設計公司創辦人

石吉弘 攝

我很喜歡舊金山人對微小事物的完美堅持，他們願意嘗試、聆聽，覺得好的，就把它做到最好。如果你在舊金山只有一天的時間，那就去渡輪大廈和維廉希亞街，可以感受到城市的人文精神。

吉卜林
Rudyard Kipling

英國文學家

曾獲諾貝爾文學獎，著有《叢林奇譚》

©wikipedia

舊金山只有一個缺點，它讓人很難離開。

艾靈頓公爵
Edward Duke Ellington

爵士音樂家

著有名曲《艾靈頓組曲》、《追悼比利．史崔洪》、《藍調狂喜曲》等

© Louis Panassié / Wikimedia Commons

舊金山是世界上最偉大的文化平台，是美國最文雅的社區，是一個真正國際化的地方；從很多年前開始，這城市就熱烈歡迎從全世界各地來的人。

薩洛揚
William Saroyan

美國劇作家

曾獲普立茲戲劇獎、奧斯卡金像獎最佳編劇獎，著有《人間喜劇》等

©wikipedia

舊金山本身就是藝術，特別是文學藝術；這城市的每一區都是一個小故事，每座山丘都是一本小說，每個家都是一首詩，每個居民都能成為不朽。

城市印象 Image

充滿包容力的舊金山，讓來到這裡的每個人，都能輕鬆過著「忠於自己的美好生活」。

一座陽光城市

這個城市的陽光，讓這一切變得迷人。「光線怎麼這麼透明呢？」在海灘散步時，你心裡會這麼想。淡淡溫暖又不燥熱的陽光質感，讓舊金山越曬越悠閒。

01 舊金山
忠於自我的美好生活

有著地中海型氣候涼爽溫和的舊金山，即便夏日高掛的豔陽讓人眼睛睜不開，整座城市卻像是有天然冷氣鎮日放送，舒適得讓街上的每個人都帶著淺笑。那種輕鬆、無窒礙的生活感，也是這座城市令人迷戀的原因。

出了舊金山，是一片片綠油嫩美的葡萄酒鄉，還有五顏六色的豐饒物產，讓人深深感受到，加州這片土地著實盡享了得天獨厚的奢侈，這是花再多錢也換不到的好環境。

從早年的嬉皮（Hippie）運動到近年的科技產業，這個城市即便轟轟烈烈進行著影響全世界的事情，卻都不是流血、流淚，而更多是悠悠哉哉，活出忠於自我的美好生活。照耀這城市的光，或許就是背後重要的推手。

走在這座城市，像是走在熟悉的台北街頭，可以全然放鬆、放心，覺得這座城市是認識你、包容你的，而你也會屬於它。你心裡會突然明白，那句縈繞在耳的歌詞：「I left my heart in San Francisco」（我把心遺留在舊金山），原來，是這樣子的感受。

文 / 游惠玲

三大美好精神

「同志運動」與「牛仔褲」，有什麼共通點？二者都是「舊金山」的代名詞，背後也都代表著自由、包容，以及無限的可能性。

石吉弘攝

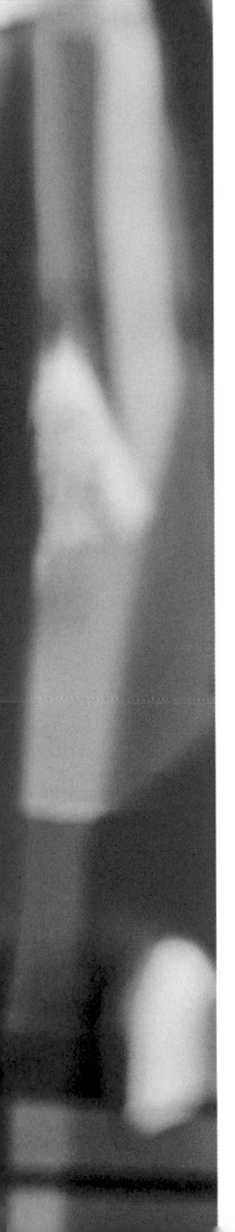

02 愛與包容 讓舊金山傾聽全世界

每年 6 月的最後一個週日，是「舊金山同志驕傲大遊行」（San Francisco Pride）的日子，這場別開生面的同志嘉年華，已舉辦了 40 多年，來自全球的同志及支持者，一起慶祝這座城市對每個人的尊重。

現在，很少人會想到，在 1969 年同志遊行發展之初，需要多少勇氣，參與者才能走上街頭。之後同志運動在全球遍地開花，可歸功於舊金山的勇氣與包容。

因為包容，所以產生無限可能，讓這座城市的思想往往能超前 20 年，過去的不可思議，在今天變成理所當然。

看似無關的牛仔褲，也是如此。牛仔褲是加州淘金熱的產品，原本是工人穿著，因為耐操耐磨深受歡迎。今天你我早已不淘金，牛仔褲卻變身為休閒時尚風靡全球。

行銷世界的服飾品牌「蓋璞」（Gap）也是如此，創辦人唐諾・費雪（Donald Fisher）1968 年讓時尚平價化，也改變了美國乃至全球的穿衣文化；時尚，不是高價，而是穿出自己的風格與個性。

歷史的因緣，讓舊金山一直是座願意傾聽各種聲音的城市。

石吉弘攝

03 見怪不怪 人人都可以是主流

19 世紀中的淘金時代為舊金山帶來世界各地的冒險者，與敢於不同的冒險精神，二次世界大戰後的「垮世代」（Beat Generation），以及接續至 1960 年代的嬉皮運動，積極探討精神自由、同性戀平權、男女平等、黑人權益等議題。

奇妙的是，當時序進入 21 世紀，人們再度踏上這塊土地時，感覺依舊如此。舊金山對旅人而言是座「異鄉」，但頭一天抵達，你就感覺自己是這座城市的一部分，沒有人把你當成「觀光客」。當地人看你，不會帶著打量的眼神；跟你說話，不會保持警戒的距離。這是座太容易與人攀談、認識朋友的城市。

奧克蘭（Oakland）「阿提斯咖啡」（Artis Coffee）創辦人艾維斯．理班（Elvis Lieban）生長於舊金山，曾移居東岸的波士頓多年，他說，「第一年到東岸時好難熬，很不容易交朋友。」「在舊金山，我認識超過 10 年的好友，初次相遇是在一場咖啡講座中碰到的，只因為他坐我隔壁。」

近年移居舊金山的飲食作家蔡惠民，曾在東岸住過一段時間，她回憶，在東岸說英文會有很大的壓力，怕自己說不好，「但來到舊金山，我覺得自己的英文變流利了！」

著有《生活舊金山：21 種男孩女孩都愛上的散步風景》的舊金山新居民李思嫻說，「見怪不怪」是這座城市最大的特色。前幾年，在舊金山市政府尚未規定不能全裸上街時，「在卡斯楚區（Castro）常看到一位全裸的先生在看書；街上滿容易看到裸體的人，老人、女孩都有。」妙的是，沒有人會特別多看他們兩眼。

在這座城市並沒有所謂的主流，這也正意味著，「人人都可以成為主流」。

04 勇敢做夢 驅動全球產業革命

《金銀島》（*Treasure Island*）作者史帝文生（Robert Louis Stevenson）曾在 1 百多年前如此形容舊金山：「這個市鎮是非常不盎格魯．薩克遜（Anglo-Saxon，意指英語圈）的；也非常不美國。」當時的舊金山，擠滿了從世界各地而來的淘金客，史帝文生看見，「美國佬與英國紳士發現自己身處在一個異鄉……，對每一個人，每一個種族和國家來說，這都是一個異鄉；呢喃著異國之音和習俗，但每個人卻都在此安居樂業。」

因為能夠忠於自我，讓舊金山與灣區（Bay Area）能夠成為培育「夢想家」的沃土。

半世紀前，當速食業開始席捲全美，愛麗絲．華特斯（Alice Waters）站出來倡導蔬食革命，鼓勵小農以友善環境的方式耕作，品嘗食物真滋味。當時，義大利所推行的「慢食」（Slow Food）二字，仍未誕生。

矽谷高科技產業所創造的奇蹟故事，也是全球獨一無二。自我信仰驅動這個城市，無論是嬉皮文化代表人物賈伯斯（Steve Jobs）所引領的「蘋果信仰」，或是伊隆．馬斯克（Elon Musk）所創造的特斯拉（Tesla）高科技純電動車，都是如此。

在舊金山，你不必為了誰改變自己，你就是你，可以勇敢做夢，永遠樂於迎接挑戰，不斷突破自我極限，創造新價值。

文 / 游惠玲

©Matthew Yohe Original uploader was Matt Yohe at en.wikipedia / Wikimedia Commons

兩股解放思潮

不羈、狂放、反叛，都無法確切形容「垮世代」，那群作家、詩人、浪跡天涯者，在 1950 年代顛覆美國傳統社會價值觀的精髓。此後一脈相承的嬉皮，更發展出一種流浪、無拘束的生活態度。

Photo: BASroker @ Wikimedia Commons

05 垮世代
無可救藥的浪漫時代經典

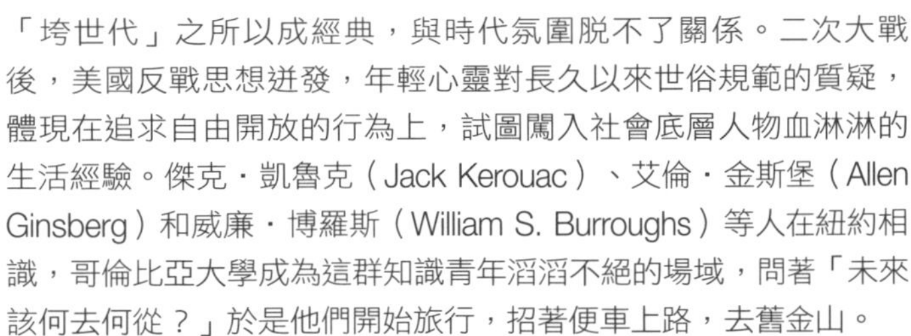

「垮世代」之所以成經典，與時代氛圍脱不了關係。二次大戰後，美國反戰思想迸發，年輕心靈對長久以來世俗規範的質疑，體現在追求自由開放的行為上，試圖闖入社會底層人物血淋淋的生活經驗。傑克・凱魯克（Jack Kerouac）、艾倫・金斯堡（Allen Ginsberg）和威廉・博羅斯（William S. Burroughs）等人在紐約相識，哥倫比亞大學成為這群知識青年滔滔不絕的場域，問著「未來該何去何從？」於是他們開始旅行，招著便車上路，去舊金山。

咆勃爵士樂（Bebop）的即興節奏、創作繆思尼爾・卡薩蒂（Neal Cassady）的行事風格，影響了凱魯克「無意識」寫作下的筆調，花了 3 週沒日沒夜寫成的《在路上》（*On the Road*），要人隨著他長達 7 年的旅行狂喜、墮落，感到解放。而後金斯堡於1955年在舊金山公開朗誦詩集《嚎叫》（*Howl*），憤怒、粗鄙地再為「垮世代」之聲發出對物質社會的批判，隔年「城市之光」（City Lights Books）書店出版該詩集，被政府列為禁書勒令下架而廣受爭議。

傑克・凱魯克、艾倫・金斯堡和威廉・博羅斯等作家的反主流文學作品、態度，如今已被奉為無可救藥的浪漫時代經典，儘管奉行後現代主義（Postmodernism）的他們並不會樂見。

「垮世代」在後人解釋下也成了次文化先驅，奠定往後反主流社會的「不規矩」基礎，當性、毒品、東方宗教等衝破西方體制的因子在青年群中蔓延，而後的追隨者被稱為「披頭族」（Beatnik），接著便演化為「嬉皮」的前身。時序進入 1960、1970 年代，金斯堡在舊金山依舊活躍，曾帶領披頭族在金門公園（Golden Gate Park）進行「人性存在」（Human Be-In）集會歌頌迷幻藥。如今你可以在舊金山北灘（North Beach）的垮世代博物館（The Beat Museum）、傑克・凱魯克巷（Jack Kerouac Alley）閱讀經典，繼續任憑思想馳騁。

文／李思嫻

06 嬉皮文化
愛與和平的流浪靈魂

反戰、愛與和平、迷幻藥……嬉皮是美國 1960 年代傳統社會氛圍下的反動，塑造出外表及生活態度上的鮮明標籤，游走主流與次文化的邊緣。嬉皮一詞由《舊金山紀事報》（*San Francisco Chronicle*）專欄作家赫伯・凱恩（Herb Caen）撰寫後漸為普及。

1950 年代興起的「垮世代」發展出「敲打一族」及不畏世俗的「嬉皮士」族人。與嬉皮士抵抗主流價值觀一脈相承的嬉皮，在詩人艾倫・金斯堡於舊金山金門公園帶領的「人性存在」集會，以及 1967 年 10 萬人湧入海特・艾許伯里（Haight-Ashbury）區集結反越戰、對抗資本主義的「愛之夏」（Summer of Love）運動下，確立了一種流浪、無拘束的嬉皮靈魂象徵。

花是嬉皮文化中最具愛與和平象徵的物件，他們將迷幻扭曲的圖騰應用於彩繪車輛、衣裝上，著重健康飲食、探索東方宗教的神祕意義……全美不甘於生活在墨守成規體制下的年輕人來到舊金山，以藝術發聲，摒棄物質生活，期待建立以共享為基礎的公社。

1960 年代滿懷理想主義的花之子（Flower Child），在媒體渲染下紛紛湧入舊金山及紐約格林威治村，並在「烏茲塔克音樂節」（Woodstock Music Festival）達到鼎盛。然而年輕人總會成長，回歸體制、家庭，而 1970 年代年輕人宣洩的出口也投向較為激進的龐克（Punk）運動。如今舊金山海特街（Haight Street）上的嬉皮文化早已灰飛煙滅，徒留紀念品店的手染 T 恤，以及前仆後繼到此試圖嗅出美好年代氣味的人們。

文 / 李思嫻

嬉皮五種穿搭

嬉皮穿衣風格承襲波希米亞風的瀟灑樸質，無畏主流價值觀，嚴守個人風格、注入文化意涵，創造出美麗的嬉皮風時尚，影響無數時裝設計，成為經典服飾風格。

07 頭戴花朵，象徵愛與和平

嬉皮提出愛與和平的宣言，不斷找尋與自我解放。1967年「愛之夏」遊行時，嬉皮將花朵插入警衛的槍管中，花朵隨即成為愛與和平的象徵。

《媽媽與爸爸合唱團》（*The Mamas & The Papas*）的約翰．菲利浦斯（John Phillips），1967 年為了宣傳蒙特婁流行音樂節，寫了一首〈舊金山〉（*San Francisco*），歌詞寫道：「假如你到舊金山，記得髮上插朵花（If you're going to San Francisco, be sure to wear some flowers in your hair）。」被嬉皮廣大傳唱。

事實上，別上一朵花也別具浪漫、波希米亞的因子，至今你仍能在海特街、音樂祭見到這樣的搭配。

©達志影像

08 綁染短 T，充滿東方色彩

嬉皮雖已遠去，今日生活仍可見其遺留的痕跡。蘋果電腦創辦人賈伯斯年輕時就是個不折不扣的嬉皮。他對東方思想有興趣，特別是佛學禪宗，喜歡冥想打坐，曾至印度流浪 7 個月，進行自我追尋之旅。賈伯斯的設計美學深受東方風格影響，嬉皮文化形塑他的思維結構，創造出目炫神迷的蘋果世界。

東方色彩同樣也反映在嬉皮衣裝。嬉皮發展出迷幻藝術，並引進東方印染，將色彩絢爛的花朵印製在衣服上。當花朵遇上手工的綁染短 T，配上當時流行的喇叭褲或長洋裝，正是每隔幾年就會在時尚圈一再復興的經典嬉皮風穿搭。

09 皮製品，手作自然

嬉皮反對物質主義，追求自然與原始，提倡手作、反世俗規範及多彩圖騰，服裝上大量使用皮製品，如皮靴、皮帶等，流蘇也是常見的設計。

10 蓄髮蓄鬍，不在乎外表的反叛

嬉皮以留長亂髮或蓄鬍做為反叛方式，反思當時社會過度在乎外表。1967 年英國搖滾樂團「披頭四」（The Beatles）發行第 8 張專輯《比伯軍曹寂寞芳心俱樂部》（*Sgt. Pepper's Lonely Hearts Club Band*），展現迷幻搖滾（Psychedelic rock）能量，成員皆蓄髮、蓄鬍。約翰・藍儂（John Lennon），更在 1969 年愛與和平的年代揮別乖乖牌形象，蓄起鬍子及長髮，與妻子小野洋子到阿姆斯特丹希爾頓飯店（Hilton Hotel）度蜜月，同時展開「床上靜坐」（Bed-in），抗議世上所有苦難與暴力。兩人躺在床上整整 7 天，邀請全世界媒體採訪，用音樂、前衛藝術和身體行動，宣揚愛與和平的理念。

11 勃肯鞋，舒服自在

勃肯鞋的發源地在德國，瑪葛・佛瑞哲（Margot Fraser）於 1966 年引進美國。由於使用軟木橡樹、亞麻纖維等自然材質，容易搭配、穿起來舒服自在，成為嬉皮喜愛的時尚配件。

文／柯曉翔、桑梓惠、李思嫻

四大活動盛事

舊金山人不管幾歲都照樣青春洋溢，任何一件聽起來嚴肅的活動，都可以變成狂歡節。

12 同志驕傲大遊行 彩虹旗幟飄揚

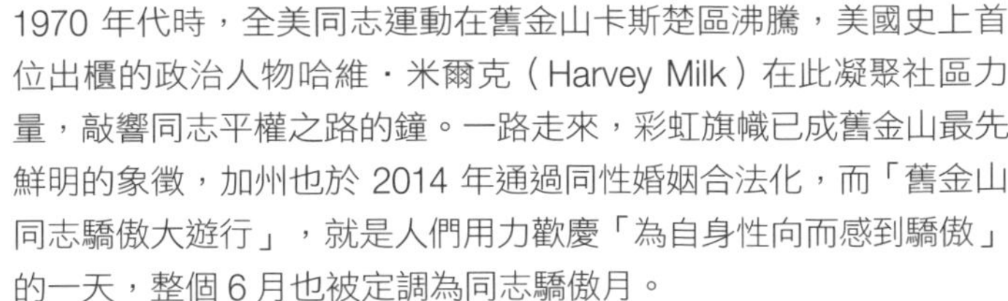

1970 年代時，全美同志運動在舊金山卡斯楚區沸騰，美國史上首位出櫃的政治人物哈維・米爾克（Harvey Milk）在此凝聚社區力量，敲響同志平權之路的鐘。一路走來，彩虹旗幟已成舊金山最先鮮明的象徵，加州也於 2014 年通過同性婚姻合法化，而「舊金山同志驕傲大遊行」，就是人們用力歡慶「為自身性向而感到驕傲」的一天，整個 6 月也被定調為同志驕傲月。

面帶微笑，走起路來昂首闊步，他 / 她深深握起另一伴的手，在舊金山同志驕傲大遊行分享愛的喜悅。代表女同志（Lesbians）、男同志（Gays）、雙性戀（Bisexuals）及跨性別者（Transgender）的 LGBT 族人，打點最百無禁忌的衣著、手持最振奮人心的彩虹宣言，於每年 6 月第 4 個星期日湧入舊金山，成為舊金山同志驕傲大遊行的一分子，加入花車隊伍，或在以市政廳（Civic Center）為中心的遊行終點站手舞足蹈，綻放要全世界都看見的奔放活力。

最初是在金門公園舉行的小眾同志集會，如今發展成美國最大型的同志遊行，性別在這根本沒有界線，裸露也顯稀鬆平常。

遊行前一天早上，志工會抵著強風到可眺望舊金山的高點雙峰（Twin Peaks），釘上象徵同志的倒三角形粉紅旗幟，白天前往朵勒斯公園（Dolores Park），先在以女同志族群為主的「女同志大遊行」（Dyke March）暖身，騎著重型機車的女子漢催著油門開路。傍晚時數步之遙的卡斯楚區，則搖身封街為派對大型場域，酒吧、舞廳通通喧嚣至深夜，週末遍地開花的同志大小活動，可說都是舊金山同志驕傲大遊行的一部分。

文 / 李思嫻

Info.

舊金山同志驕傲大遊行（San Francisco Pride）

日期：6 月最後 1 個星期日

時間：10：30 ~ 14：30

路線：市場街（Market Street）的貝爾街（Beale Street）至 8 街（8th Street）段，終點為市政廳（Civic Center）

13 不一定是草根藍調 五感綻放的音樂節

夏秋造訪舊金山，每週都有不須花 1 毛錢的音樂祭、封街集會或傳統慶典，其中最受本地人推崇的是「不一定是草根藍調音樂節」（Hardly Strictly Bluegrass）。

不少音樂祭的賣點是表演陣容，要樂迷掏腰包出錢，但「不一定是草根藍調音樂節」完全免費，沒有商業氣息、氣氛祥和，年年邀請傳奇音樂人演出，是金融家沃倫・赫爾曼（Warren Hellman）贈與舊金山市民的一份大禮，這份禮物讓人心暖暖，也更襯托它的與眾不同。每年表演者所帶來的音樂原為草根藍調，而後涵蓋更廣泛的樂風，因此原名「草根藍調音樂節」在 2004 年時改為「不一定是草根藍調音樂節」。

長居舊金山灣區的赫爾曼，在事業有成後開始思索如何回饋這座他深愛的城市，向友人透露辦音樂節的想法，進而得到各界幫助，於是從 2001 年開始，不分年齡、經濟狀況，舊金山人每年都要到金門公園聽演唱會。許多音樂人因為認同他的理念而成為好友，好比草根女歌手狄更斯（Hazel Dickens）原本不想參與，但被誠意打動後從第一屆至 2011 年去世前，年年都站上舞台獻唱；崩世光景（Broken Social Scene）、優拉糖果（Yo La Tengo）等樂團，甚至龐克教母派蒂・史密斯（Patti Smith），都曾帶來精彩演出。

騎著單車，或步行來到蔥鬱的金門公園，隨著人潮前進就能抵達音樂節的翠綠草地，2011 年參與人次曾高達 75 萬，幾乎等於全舊金山人口。赫爾曼逝世那年，金門公園決議將舉辦場地「賽道草坪」（Speedway Meadow）更名為「赫爾曼園地」（Hellman Hollow）。10 月舊金山秋高氣爽，樂迷前仆後繼從樹林湧入這塊赫爾曼創造的音樂園地，雖然你再也見不到他在會場快樂彈著斑鳩琴，但他的女兒弗朗西斯・赫爾曼（Frances Hellman）總在最後一天的最後一場表演，上台感謝大家來聽音樂，並承諾相約明年見。

文 / 李思嫻

© dansabella from San Francisco, CA / Wikimedia Commons

Info.

不一定是草根藍調音樂節（Hardly Strictly Bluegrass）

日期：每年 10 月第 1 個週末

時間：12：00 ~ 19：00

地點：金門公園赫爾曼園地、Lindley 及 Marx 草坪

14 越灣長跑
歡樂的路跑派對

歷史悠久的越灣長跑（Bay to Breakers），從 1912 年首辦至今，狂歡意義大於運動，整場路跑活動宛如盛大的露天派對。

因 1912 年的舊金山大地震讓人絕望，當地政府與居民紛紛發起企圖鼓舞人心的活動，其中一項就是舉辦延續至今的越灣長跑。顧名思義，長跑的路線是從城市東邊的舊金山灣一路前往西邊的海洋海灘，途經無數上下坡，參加人數約莫 6 萬多人，其中 3 萬多人登記成為跑者，若是不追求路跑紀錄，每個人都可以從起點，或是中途變裝參加，成為越灣長跑的一員。

路線總長為 12 公里，並非正規的馬拉松，你可以選擇認真跑完全程，或是走路參與也行，但終點站「終線慶典」（Finish Line Festival）只限有登錄名字者才能進場，這場活動吸引許多來自加州各地的年輕人組團參加。其中海斯路（Hayes Street）的上坡路段有「奪命坡」之稱，過去你可以隨著民眾自組的花車或 DJ 台邊跳舞邊前進，但近年因安全因素被主辦單位禁止。

由於路邊飲酒屬非法，許多人改在路跑沿線的住家舉辦家居派對，讓裝扮成粉紅色大猩猩、蜘蛛人、西瓜等跑者，成為派對窗外最逗趣的風景。

文 / 李思嫻

Info.

越灣長跑（Bay to Breakers）

日期：5 月第 3 個星期日

路線：起點為主街（Main Street）及霍華德街（Howard Street）交叉口一帶，終點為海洋海灘停車場（Ocean Beach Parking Lot）。

© andy omn / Wikimedia Commons

© Team at Carnaval.com Studios from The Inner Mission San Francisco / Wikimedia Commons

15 拉丁狂歡節 熱情奔放的街頭派對

涵蓋中南美洲多國文化色彩的「舊金山拉丁狂歡節」（Carnaval San Francisco），是舊金山公認最熱情性感的街頭派對。

歡欣鼓舞的樂音及舞步，動人的羽毛裝、傳統戰士服，超過 50組社團接連上陣遊行，拉丁狂歡節是舊金山最奔放的傳統節日。舊金山的居民結構中，拉丁美洲族裔占了約15%，多居住在米慎區（Mission）及英格賽區（Excelsior），於是「舊金山拉丁狂歡節」匯集巴西里約熱內盧（Rio de Janeiro）、薩爾瓦多（Salvador），千里達及多巴哥共和國西班牙港（Port of Spain），古巴哈瓦那（Havana），以及波利維亞奧魯羅（Oruro）等城市的特色，成了舊金山拉丁美洲族裔專屬的狂歡節。

拉丁狂歡節自 1950 年代開始興起，平時想要品嘗、體驗拉丁美洲文化，可往壁畫街（Clarion Alley）、大大小小的墨西哥快餐店走，然而去一趟「舊金山拉丁狂歡節」可以更直接體會他們的生活，除了繽紛的遊行，培根熱狗捲、墨西哥水果冰飲的攤販沿街販售，部分商店也關起門來自己辦派對，墨西哥媽媽們在理髮店裡跳舞、唱歌，人們最熟悉的熱情森巴舞蹈及音樂也是遊行的一大亮點。

文 / 李思嫻

Info.
舊金山拉丁狂歡節（Carnaval San Francisco）
日期：每年 5 月最後一個週末
遊行路線：哈里森街（Harrison Street）的 24 街至 16 街路段
時間：09：30 ~ 12：00

石吉弘攝

美食 Gourmet

加州料理，善用最新鮮、當地的食材，烹煮出簡單、融合的混搭料理，掀起美國的自然飲食運動。

料理一大特色

加州幅員廣大，氣候橫跨地中海、熱帶沙漠等類型，中央谷地（Central Valley）種植供應全美的蔬果，北加州的酒鄉更聞名全球，具備成就完美飲食的條件，加州風料理沒有理由不誘人。氣候、健康意識、新移民、地理……多重因素在加州飲食界一陣翻攪，烹調成出眾的美食饗宴。

石吉弘攝

16 加州風料理
新鮮在地的混搭風味

新鮮、在地、手作、有機，造就「加州料理」（California cuisine）被譽為精緻美食典範。這股烹飪潮流在柏克萊（Berkeley）掀起，而愛麗絲・華特斯的「帕妮絲之家」（Chez Panisse）、沃爾夫岡・帕克（Wolfgang Puck）的「纏」（Spago）等餐廳都是代表，使用最新鮮、當地的食材，菜單隨著當季食材調整，烹煮出簡單、融合多國文化的混搭料理（Fusion），也因此，理念一致的「新美國菜」（New American cuisine）在加州的發展最為成熟。

在已成為專有名詞的「加州料理」之外，加州風料理在北加州的酒鄉納帕谷（Napa Valley）、索諾瑪（Sonoma），以法式、義式、地中海式菜系啟發的「新美國菜」佐酒為主流；加州中部及北部海岸則廣為使用海鮮，好比入秋第一批鄧金斯螃蟹（Dungeness Crab），即為感恩節必吃佳餚。在嬉皮文化影響下，可口的素食料理也不在少數；南加州居民以車代步的生活習慣，則造就速食店的盛行，麥當勞、In-N-Out 漢堡（In-N-Out Burger）等都起源於此。但別忘了這裡是加州，品味升級的漢堡才是主流。

曾受西班牙殖民、墨西哥統治，加州的歷史牽引庶民飲食文化的演變。華裔、拉丁美洲裔、日裔總和超過加州人口一半，墨西哥、薩爾瓦多等國的料理在加州生根，變形出如加蛋的早餐墨西哥捲餅（Breakfast burrito）、放美乃滋高麗菜的炸魚塔可（Fish Taco）。酪梨自 19 世紀從墨西哥引進，爾後應用極為普遍，1970 年代日裔美國人發明以酪梨代替鮪魚，加州捲（California Roll）應運而生，各種冠上「加州」之名的壽司、漢堡、披薩等料理，通常就指加有酪梨。

文 / 李思嫻

Info.
帕妮絲之家（Chez Panisse）
地址：1517 Shattuck Ave, Berkeley, CA 94709
電話：+1-510-548-5525

纏（Spago）
地址：176 N Canon Dr, Beverly Hills, CA 90210
電話：+1-310-385-0880

一位蔬食革命家

愛麗絲・華特斯，她是位「革命者」，用近 50 年的時間，以溫柔、優雅而堅定的姿態，讓飲食成為最容易實現的生活藝術，以食物改變世界。

石吉弘 攝

17 愛麗絲．華特斯 推動全球蔬食革命

2014 年《時代》（*TIME*）將愛麗絲．華特斯選為「百大影響人物」，《華爾街日報》（*Wall Street Journal*）也頒給她「革新者獎項」（Innovators Awards）。

40 多年前，華特斯就開始在東灣的奧克蘭推動當季、在地的有機小農飲食，被視為「加州料理」的催生者。在當時，鮮少有人聽過「有機」這名詞，義大利慢食組織所推動的「慢食」運動，更尚未誕生。

19 歲那年，華特斯還是加州大學柏克萊分校主修法國文化的學生，前往法國當交換學生，她看見法國人為討論飲食花上許多時間，他們甚至一天上兩次菜市場，廚房裡永遠都有最當令新鮮的食材。「那是一種整體的飲食觀，從食物延伸而來的生活美學，知道自己的食材是從哪個省分來的，在簡單烹調後，大家一起坐下來開心享用。」華特斯說。

朋友帶華特斯到法國布列塔尼（Bretagne）一家鄉間餐廳，菜單中鱒魚是剛從溪裡捕上來的，覆盆子則是花園裡的收穫，主廚的烹調沒有驚人的祕訣，就是即時新鮮，讓小館不凡。

在那裡，華特斯聽見所有人為主廚歡呼鼓掌，口中喊著「C'est fantastique!」（棒極了！）於是，開一間能夠讓朋友好好坐下來享受好品質食材的餐廳，成了華特斯心中的憧憬。

1971 年，她在柏克萊地區開了「帕妮絲之家」餐廳，如今超過 40 年，依舊門庭若市。堅信自然、新鮮食材最美味的華特斯，簡單不花稍地烹調來自在地的美味，時序至今，這樣的理念已內化成精緻美食的必要條件，也使得「帕妮絲之家」被譽為慢食的發源地。

1960 年代，正值越戰期間，加州大學柏克萊分校校方禁止學生在校園中討論相關議題，學生領袖群起抗議，發起「自由言論運動」（Free Speech Movement），當時的華特斯，也是言論運動的支持者之一。

美國知名飲食作家露絲・雷克爾（Ruth Reichl）在為《時代》雜誌撰文時談道：「一般都會說華特斯是位『主廚』，這是錯的，她是位「革命者」（revolutionary），想要以食物來改變世界。」華特斯的革命方式不是聲嘶力竭站上街頭，幾十年來，她一直用一種溫柔、優雅而堅定的姿態，讓飲食成為最容易實現的生活藝術。

文 / 游惠玲、李思嫻

華特斯兩大飲食哲學

以風土（terroir）飲食對抗速食，這是一種整體的飲食觀，
華特斯從食物延伸而來的美學。

石吉弘攝

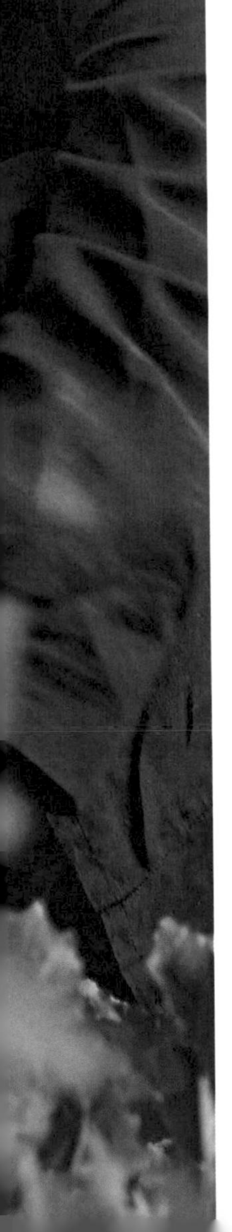

18 順應自然
種出「可以吃的花園」

順應自然的生活方式，來自於華特斯年輕時法國旅行的啟蒙。她用一座可食用的花園，實踐這個生活哲學。

華特斯在自家後院十來坪的空間裡，種植了幾十種作物。她的庭園看起來不像菜園，倒更像是花園，庭院裡的風景，隨著四季變化。

各式生菜、香草是基本款，夏天，院子裡會有櫻桃番茄及豆類，樹上的小蘋果，結實纍纍；秋冬，是菊苣及甘藍的季節。低頭，就看見生命力旺盛的野莓，沿著石頭縫隙生長，為地面點綴出色彩。

隨時想吃盤沙拉，華特斯會拿起她古老的銅色剪刀，搭配舊式大銅盤，信步到花園裡採集，這剪一點、那摘一些，就是一盤名副其實的「花園沙拉」。這些葉菜稍微水洗，淋上油醋，華特斯喜歡用雙手混拌，讓指尖充滿油醋香氣，並像個孩子一樣，抓片生菜就放進嘴裡。

「這是我的『可食用花園』，看起來就跟一般的花園一樣漂亮，但這裡的每一樣作物，都是可以吃的。它們順應自然、四季變化，擁有簡單美味、豐富營養，而且美麗。」華特斯說。

文／游惠玲

19 尊重土地 實踐自然的當令飲食

加州料理的特色幾乎來自愛麗絲・華特斯對飲食的態度，而「帕妮絲之家」就是她實踐理念的革命起源，拒絕冷凍食品、堅持使用產地到餐桌的食材，這家餐廳一點一滴轉化了人們對烹飪的想法，更讓人體悟到健康飲食也能非常美味。

你可以在「帕妮絲之家」吃到從後院新摘採的蔬菜、果園剛送來的水果，甚至才在海邊釣的魚。菜單隨食材更迭，每次去吃的料理都不盡相同，不管是烤豌豆佐菌菇及鼠尾草，或者高品質的蜂蜜冰淇淋，在這用餐洋溢一種氣氛輕鬆，但對美食不妥協的韻味。到了今日，「帕妮絲之家」成為精緻美食的典範，所在地柏克萊也相繼出現強調慢食的餐廳，與之共享使用最新鮮的在地食材。

同時，華特斯所推行的「可食用校園菜園計畫」（Edible Schoolyard Project）在全美開枝散葉，她鼓勵中小學以菜園為教室，在裡頭學習自然、數學甚至歷史，重新找回人與土地的關係。

2009 年歐巴馬上任，她更靠著一封一封的信件，説服美國總統，在白宮開闢了一個小園地來種植蔬菜。

華特斯的革命，對抗的是如巨獸般龐大的速食產業，「我覺得很著急，我們現在進入前所未有的危機，一定要趕快有所改變。」即便心裡急切，她的臉上仍帶著笑容，70 歲的年紀了，還能在她眼中看見她 19 歲的那一天，感受到法式生活美學的那股熱忱。

文 / 游惠玲、李思嫻

石吉弘攝

帕妮絲之家的烏賊沙拉

邱雯敏攝

鞑靼鮭魚甜筒

三家必嘗名店

旅遊指南以「美食愛好者的迪士尼樂園」來稱呼揚特維爾（Yountville）小鎮，來到此地只有一個目的：嘗佳餚、品美酒，享受生活。

20 法國洗衣坊 帶動小鎮美食文化

陽光燦爛的揚特維爾小鎮位於納帕谷地，從舊金山北上約 1 小時車程，是座市中心僅有 5、6 個街區的小鎮，只要 20 分鐘，就能將主要街道「華盛頓街」（Washington St.）從頭走到尾。很難想像，這麼小的地方，在 2011 年曾有 6 顆米其林星星集中在此，讓揚特維爾號稱是全世界米其林餐廳密度最高的地方。

美國第一名廚湯瑪斯・凱勒（Thomas Keller）所開設的「法國洗衣坊」，從 2006 年《舊金山及灣區米其林指南》（*Michelin guide San Francisco Bay Area & Wine Country*）開始發行至今，年年拿下三星，早已是許多人來揚特維爾的理由。

「法國洗衣坊」是一幢以石頭與木材搭建而成的低調小屋，若非刻意尋找，非常容易錯過。建築歷史超過百年，原本確實就是間洗衣坊，1993 年被凱勒買下後改造為餐廳，提供精緻法式料理。當時，整座納帕谷地沒有其他米其林三星餐廳，凱勒以法式料理手法為基底，加入鮮美豐腴的加州食材及美國人對於飲食的共同記憶，締造了酒鄉飲食傳奇。

餐廳菜色每天都不同，依季節和當日最好的食材而決定，但是開胃小點「韃靼鮭魚甜筒」（Salmon Tartare Cornets）是不變的經典。新鮮鮭魚片剁成細丁，加入橄欖油、細香蔥、紅蔥頭及鹽、白胡椒等佐料調味，主醬料則是將新鮮奶油打發之後，再拌入紅洋蔥細丁，最後再將醬料及鮭魚韃靼分別填入手工現製的甜筒裡。

法國洗衣坊

手法並不過於複雜，卻是傳統法國菜裡不曾有過的呈現，凱勒不止一次表達過這是他很喜愛的一道菜，「它看起來很好玩、樣子很特別，而且，也不需要盤子或是餐具。」甜筒向來是撫慰人心的飲食，每當這道菜上桌，用餐者都露出會心一笑，食物就是要讓人感到快樂，這也是凱勒想要傳遞的訊息。

可及時供應餐廳食材的菜園，近在僅隔一條馬路的對面，這也是締造「法國洗衣坊」美食傳奇的祕密之一。菜園猶如花園般美麗，沒有柵欄，甚至擺放了讓旅人稍事休息的長椅，歡迎大家參觀。

不過，想要在「法國洗衣坊」訂到位，不僅需要毅力，更需要運氣。空間不大的餐廳本來就一位難求，又僅營業週五至週日的中午，就算按照規定在 2 個月前預約，恐怕也只能排上候補名單。

文 / 游惠玲

Info.
法國洗衣坊（The French Laundry）
地址：6640 Washington St, Yountville, CA 94599
電話：+1-707-944-2380
價位：主廚套餐（Tasting Menu）295美元（不含稅及酒）

炸雞　石吉弘攝

21 Ad Hoc 最家常的美式星級餐館

名廚湯瑪斯・凱勒在揚特維爾小鎮上，還另外開了一間「特設」（Ad Hoc）餐廳，以美式家常菜為主。飲食作家王宣一來到這家餐廳吃烤雞，她很驚訝表示：「不過就是個烤雞而已，怎麼會這麼好吃！讓人難忘。」

餐廳每天只供應一種套餐，菜色每天不同，《alive》造訪當天的主食是「炸雞」，也是凱勒的超級招牌家常菜。香噴噴上桌，外皮酥脆卻不扎口，內裡雞汁汩汩流，一股香草的天然香氣，和著雞肉香氣在嘴裡竄個不停，多吃幾塊也不膩口。即便冷了，也沒有半點腥臊或是油耗味，顯見炸油的新鮮程度，這也是外頭炸雞比不上的。

炸雞看起來簡單，背後全是功夫。全雞被大卸「十塊」之後（要將一隻全雞分成十塊），祕訣是把雞肉放進一鍋加了檸檬、月桂葉、西洋芹、百里香、蜂蜜、蒜頭、黑胡椒等佐料的鹽水，浸泡 12 小時，才能讓雞肉在炸製的過程中維持多汁，最後裹上酪奶（buttermilk，略帶酸性的低脂乳製品）、麵粉及香料，放入新鮮的油鍋炸製。

一起上桌的配菜有切片西瓜、奶油通心麵、奶油玉米、沙拉等，是一般美國家庭熟悉的菜色，大盤料理、大夥兒互相傳遞，就像回家吃晚餐一樣。餐廳裝潢簡約溫馨，就連工作人員，也都像鄰家大哥哥、大姊姊般親切，仔細解釋菜單與搭配酒款。吃不完不必不好意思，打包是常態，這可是難得機會可以將星級手藝打包回家。

文 / 游惠玲

Info.
特設（Ad Hoc）
地址：4674 Washington Street, Yountville, California 94599
電話：+1-707-944-2487
價位：套餐每人 52 美元（未含稅，酒另計）

22 Bouchon Bistro
小酒館藏新鮮味

除了「法國洗衣坊」跟「Ad Hoc」，凱勒的美食帝國在小鎮上完整布局，一星餐廳「軟木塞小酒館」（Bouchon Bistro）及永遠大排長龍的「軟木塞烘焙坊」（Bouchon Bakery）都在幾步路之遙。

「軟木塞小酒館」座位多，瀰漫熱鬧的法國高級小酒館氣氛，不必正襟危坐，也免去西裝華服。小酒館有新鮮的生蠔吧，食材鮮美度無可挑剔；店裡總是人聲鼎沸、輕鬆休閒，但服務和菜色絕對專業。尤其佐餐的法國麵包，酥香外皮與柔韌內裡一起入口，麵包的麥香瞬間衝到腦門，這才明白為什麼旁邊的「軟木塞烘焙坊」人潮總沒停過。

你也可以在麵包店買些麵包、甜點、招牌巧克力餅乾（Chocolate Bouchon），再多點杯咖啡，拎著「軟木塞烘焙坊」綠白相間的紙袋，在麵包店旁的長椅上坐下來野餐，這是享受大師好手藝與小鎮美麗風情最輕鬆的方式。

老饕來到揚特維爾小鎮，花上幾天的時間逛周圍的酒莊、吃餐廳都不嫌多，美食加上好酒、好風景，就是值得。

文 / 游惠玲

Info.

軟木塞小酒館（Bouchon Bistro）
地址：6534 Washington St., Yountville, CA 94599
電話：+1-707-944-8037
價位：30 ~ 60 美元之間

軟木塞烘焙坊（Bouchon Bakery）
地址：6528 Washington Street, Yountville, California 94599
電話：+1-707-944-2253
價位：招牌巧克力餅乾 2 美元、可頌麵包 3.25 美元

軟木塞小酒館

石吉弘攝

一場趣味餐宴

夏季，加州人享受海岸風情，最時尚的方式是什麼？答案是參加在祕密海灣舉辦的「戶外野宴」（Outstanding in the Field），在無汙染的環境，品嘗季節和地域的實在滋味。

23 戶外野宴
以食材提供者為主角

海灣邊，近 50 張長桌宛如一道長浪，曲線鋪排在崖壁旁的沙灘上。近 200 人的座位，鋪上白布巾、刀叉酒杯，在陽光下閃閃發光，彷如即將進行一場祕密儀式。這場名為「戶外野宴」（Outstanding in the Field）的活動，靈魂人物吉姆．唐納文（Jim Denevan）既是地景藝術家，也是位主廚。

活動概念很簡單，找一處農場或是海邊舉行餐宴，邀請餐廳主廚掌廚，並使用當地農場生產的新鮮食材、葡萄酒莊園的葡萄酒，以及鄰近海域的漁獲。

主廚受邀的最高原則，就是必須擁有相同理念，注重自家餐廳的食材來源、認識食材的供應者。如舊金山義大利餐廳帕巴可（Perbacco）主廚史特分．泰耶（Staffan Terje），從過去就特別重視食材來源，親自下田和小農搏感情，而非坐在餐廳等著中間商送食材到廚房門口。

1999 年以前，沒人做過這樣的事情。現在一年舉辦超過 80 場，除了在加州，更「巡迴演出」至美國北部、加拿大等地，一場能容納約 180 人的餐宴，幾乎場場爆滿。為什麼會如此受到歡迎？除了地點稀奇絕美之外，參與者更認同主辦者所要傳遞的訊息。

「在餐廳用餐，主角永遠是主廚，卻沒有人在意，究竟是誰把這些作物好好照顧長大的。」唐納文提到。因此，座上嘉賓不只有付費前來的用餐者，更邀請提供食材的小農、魚販一起入座，享受自己的食材被好好對待照顧的成果。

文／游惠玲

野宴兩大精神

唐納文是以大地沙子為題的地景藝術家，也是以食材來創作的料理主廚，這兩者都是稍縱即逝的藝術，但唐納文覺得「兩者都會在身上留下最深刻的記憶。」

石吉弘攝

24 天地為家，親近自然

戶外晚宴，地點絕美，都是那種你看了之後，巴不得當場有張桌子可以用餐的地方。

像是在加州某處祕密海洞裡，黝暗幽靜的洞穴裡安置了兩排長桌，賓客的笑語，就是最佳背景音樂。或是在葡萄酒莊裡晚宴，綿延的長桌鋪排在葡萄樹的小徑間，起身就能欣賞到葡萄的結實纍纍。

《alive》來訪這天，野宴辦在一處小崖壁旁的灘地，身高超過 190 公分的唐納文，戴著招牌的草帽，拿著長耙，緩緩整理著沙灘地，一邊悄悄在觀察浪潮的姿態。「我敢說，今天最靠近海岸的第一桌，很可能會被浪潮打到。」他調皮地說，卻絲毫沒有要調整桌子位置的意思，像是在預告著，晚宴將會有趣味插曲。

才吃完前菜，果然，第一桌已經被海浪淋溼。他們趕緊起身，工作人員於是將桌子挪到最後一桌的旁邊去，沒有人生氣，大夥繼續邊吃邊笑，氣氛愉快。

夕陽漸漸西下，莓果甜點上桌，營火緩緩生起，彷彿一場古老的儀式。營火溫暖的串起每個人的心，用餐者還捨不得離開，這處海灣是餐宴的背景畫布，海浪、海鳥奏出最美妙的樂音。

文 / 游惠玲

石吉弘 攝

25 當季飲食，簡單烹調

戶外野宴中的食材、好酒都是周邊小農、漁夫、釀酒人提供，不必繁複烹煮調味，天生就有好味道。魚貨和農產品，都有季節性和地域性，魚蝦前一天可能都還在海裡游泳。

每道菜的料理都不複雜，如燻製的鮭魚配上烤過的甜菜根及沙拉，野生的鮭魚有股清新的海味，卻不腥臊，甜菜根莖燒烤後，甜味被蜜煉了出來。另一道菜裡的烏賊，同樣燻烤過後，柔韌的肉質越嚼越香，吞入口後，還留下縈繞不去的炭香。

一旁的馬鈴薯看起來淡白無色不起眼，幾乎就要忽略了它的存在，才入口，就聽到高齡 70 的賓客南西奶奶說：「這就是新鮮馬鈴薯的味道呀！」只淋上了簡單油醋醬汁的馬鈴薯，卻有著風味濃厚的後韻，在口中久久不散，一種不花稍、實實在在的滋味。

整個餐宴，只是證明了一些再簡單不過的道理：新鮮自然、來源產地安心的好食材，無須過度烹調。加上無汙染的戶外環境做為風景畫布，就能讓用餐者卸下心防，品嘗到世界最美好實在的味道。

文 / 游惠玲

兩波咖啡革命

咖啡不是美國的發明，但真正讓咖啡成為全球化運動，甚至變成時尚，卻是美國。在西岸掀起的「第三波咖啡浪潮」（Third Wave of Coffee），講究產地與手感，改變美國人乃至全世界的咖啡品味。

咖啡果實

26 精品咖啡 反轉老美的咖啡味蕾

美國是全球最大咖啡消費國，約占全世界 20% 以上，每年有1.6億人喝咖啡，平均每人每年喝掉 4.5 公斤咖啡，且逐年上漲中。但早期美國人對咖啡的不講究，經常被歐洲人恥笑，戲稱為「洗碗水咖啡」（dishwater coffee）。

美國的咖啡革命，起源於戰後 70 年代，兩位歐洲人在美國推廣做法正統的香醇好咖啡，美國咖啡水的惡名才獲洗刷，他們是被譽為「精品咖啡」（Specialty Coffee）教父與教母的艾弗瑞．畢特（Alfred Peet）、娥娜．努森（Erna Knutsen）。這兩位先驅反轉老美的咖啡味蕾，讓美國的品味超越歐洲，往咖啡界龍頭邁進。

1966 年咖啡烘焙師之子的畢特，看不慣有錢的美國人甘於劣質罐裝與即溶咖啡，開始在店頭用頂級阿拉比卡豆（Coffee Arabica），現烘現煮新鮮的歐式咖啡吸引顧客聞香而來。這種豆子烘得油亮、風味濃郁醇厚的重焙咖啡，就像威士忌，勾動舌尖野火，一發不可收拾，讓他在舊金山柏克萊的「畢茲咖啡」（Peet's Coffee & Tea）成為當時咖啡迷朝聖地。

不過畢特主攻賣豆，不賣飲料。旗下的三名徒弟，1971 年複製畢茲咖啡的模式，到西雅圖派克市場（Pike Market）開了一間只賣重焙豆、用法式濾壓壺（French Press）沖煮的咖啡館，叫作星巴克（Starbucks）。從此，美國咖啡登上占領全世界的前哨戰。

不同於畢特特重烘焙技術，精品咖啡教母努森則是在乎生豆風味。原本只是咖啡豆商祕書的她，因為天天接觸從世界各地運來的豆子，開始對咖啡產地有興趣，甚至主動要求進入杯測室學習。努森憑藉著過人的鑑賞力，測出每個不同產區的風味、特性，進而篩出稀有的頂級咖啡與商用大宗咖啡。

©達志影像

努森於 1974 年接受雜誌專訪時，首次提出「精品咖啡」一詞，強調因各產地特殊的氣候、水土、地勢、栽種、處理方式的不同，對豆子影響甚鉅，這種因地而異的風味，就是精品豆的精髓。好比印尼蘇拉維西（Sulawesi）、蘇門答臘曼特寧（Mandheling）、葉門摩卡（Mocca）都是風味極獨特的精品咖啡。

這種讓產區站到前方的概念，讓大家開始在意手上咖啡的履歷，尤其成為這 20 年來咖啡界趨勢。越來越多人到咖啡館不再只點美式、義式、卡布其諾，而是喝不加糖、奶，喝出風味的「單品咖啡」，他們明確要求「耶加雪啡日曬」（Yirgacheffe）、「安提瓜花神」（Antiqua Flora）、「肯亞 AA」（AA Kaguyu）等。這種品咖啡如同品紅酒般的精準品味，努森的推廣功不可沒。

文 / 李莘于

Info.
畢茲咖啡（Peet's Coffee & Tea）
地址：2124 Vine St, Berkeley, CA 94709
電話：+1-510-841-0564

從美國燒起來的世界咖啡時尚

「星巴克」從一間強調深焙、不賣飲料的咖啡豆專賣店，經過行銷高手霍華・蕭茲（Howard Schultz）轉型後成為分布全球 40 多國，超過 1 萬 3 千多家的龐大跨國企業，與麥當勞一樣，成為美國文化的符號。雖然不少咖啡人都痛批星巴克展店後品質大不如前，但它的確成功打造「咖啡即時尚」、「咖啡館是除了家庭、辦公室外的第三生活空間」的概念，深植在每個都會人的心中。從此，上咖啡館不只是為了喝咖啡，來到心靈層次，跟時尚名牌一樣，代表外顯的品味。

27 第三波咖啡浪潮 回歸手沖的極致香醇

19 世紀咖啡的進口是美國第一波咖啡浪潮，當時美國人喝的是罐裝與即溶咖啡；1970 年代精品咖啡教父畢特間接開啟星巴克時代，美國進入第二波咖啡浪潮；當星巴克越擴越大，形成一種大眾口味時，另有許多人認為咖啡應該被視為像酒一樣的手感美味。他們強調親赴產區、直接交易的莊園豆，反璞歸真的手沖，被稱作「第三波咖啡浪潮」。

其中，有冠軍大師輩出的「知識分子咖啡」（Intelligentsia Coffee&Tea），被《時代》雜誌預測即將成為「新星巴克」、咖啡師繫領帶戴紳士帽，比調酒師還有型的「樹墩城咖啡」（Stumptown Coffee Roaster），以及被《財星》（*Fortune*）雜誌讚為「來自天堂的咖啡因」的「藍瓶子咖啡」（Blue Bottle Coffee）。這股熱潮從西岸燒向東岸，讓許多紐約客心甘情願排長長的隊伍，等待一杯用賽風壺（Syphon）、手沖煮出來的咖啡。

全世界最貴的咖啡豆，則是波旁尖身（Bourbon Pointu）。這種由日本「UCC 上島珈琲」的專家發現，目前僅在法屬波旁島上生產的稀有豆種，年產僅不到 1 公噸生豆，每公斤市價約新台幣 2 萬 1 千元，比藍山咖啡（Jamaican Blue Mountain Coffee）貴上 5 倍，堪稱全世界最貴豆王。屬於半低咖啡因的豆種，具獨特荔枝味與柑橘香，法國大文豪巴爾札克（Honoré de Balzac）、英國前首相邱吉爾（Sir Winston Leonard Spencer Churchill）、法國前總統席哈克（Jacques René Chirac）都是粉絲。

文 / 李莘于

©Flickr: "Checco" / Francesco / Wikimedia Commons

世界最老的咖啡館

談及咖啡影響力，美國已經超過歐洲，但論咖啡文化，歐洲才是正統。單單以咖啡館來說，星巴克再怎麼時尚，也無法創造歐洲咖啡館的歷史氛圍。誰是全世界最悠久的咖啡館？答案是法國波蔻布咖啡館（Le Procope）。

波蔻布的歷史至今已超過 3 百年。西元 1686 年，由義大利裔的波蔻布開設，這家法國第一家藝文時尚咖啡館於巴黎誕生，吸引許多上流菁英上門，文學家、劇作家、思想家、革命家都是常客。波蔻布是 18 世紀啟蒙運動（Siècle des Lumières）的溫床，大思想家如盧梭（Rousseau）、伏爾泰（Voltaire）、孟德斯鳩（Montesquieu）等，就在這兒完成近代第一本百科全書的編纂。

伏爾泰甚至誇口：「我每天喝 40 杯咖啡，讓自己時時清醒，好好思考如何與暴君和愚蠢抗戰到底⋯⋯。」自由民主的啟蒙思想在此傳遞，也間接催生了法國大革命，其靈魂人物馬拉（Marat）、丹頓（Danton）就常在此商討大計。擔任美國大使的班傑明．富蘭克林（Benjamin Franklin）一有空，就會上這兒與友人聚會，後來他 1790 年於美國逝世，遠在巴黎的波蔻布咖啡館還降半旗，以示哀悼。

這間咖啡館目前已轉型為餐廳形式，但仍保持 17 世紀華麗、古典的風華，店裡的鎮店之寶為一頂黑色軍帽，是砲兵軍官拿破崙（Napoléon Bonaparte）還沒發跡時，因為嗜喝咖啡卻沒錢付，抵押給店家的。

文 / 李萃于

一大風情酒飲

歷經禁酒令與兩次世界大戰，沉睡半世紀的加州葡萄酒，在60 年代末甦醒，展現新葡萄酒風格。

28 加州酒 挑戰歐洲酒王國

加州酒做為新世界的代表品項，歷史可上溯至 18 世紀。西班牙傳教士引入後，種植與買賣在 19 世紀末終有小成，尤其葡萄根瘤蚜蟲病橫行歐洲時，透過嫁接，美國的葡萄樹根還協助舊世界抵禦世紀蟲害。

20 世紀初，美國在社會保守壓力下頒布禁酒令，反而提供產業穩健升級的喘息空間。禁酒令解除後設立的加州大學戴維斯分校栽植

Author: Dan Gough © Wikimedia Commons

與釀酒系，在科學導向下，追求標準化的釀酒工藝，許多經典研究，都為未來酒業積蓄了發展潛能。

拜經濟成長之賜，加州酒業在 60 年代蓬勃成長，但真正在國際舞台上發聲，還是要等到 1976 年舉行的巴黎品酒會。在這場美法對決中，加州酒在紅白項目雙獲首獎，世界葡萄酒地圖也從此多了新的篇章。

加州酒之所以能挑戰歐洲酒，除了氣候穩定與日照充足的自然條件外，舊金山北部的納帕谷，擁有全球近半數的土層與上百種土壤，充滿了葡萄栽植的各種可能；南部的中央谷地，日夜溫差可達 20℃，也是少見而理想的葡萄生長條件。

現在的加州酒，積極創造屬於自己的身分，強調對自己土地的認同。酒界常言：「批評加州酒容易，但每逢批評後，加州酒面對市場的反應也最為敏銳！」2014 年 8 月「葡萄酒講談社」舉辦台灣首次的大型盲飲比賽，加州酒辨認率極高，甚至超過法國酒，是加州酒近年成功建立自我身分的證據之一。

文 / 屈享平（HP）

一輛品酒列車

貫穿加州納帕谷地的品酒列車（Napa Valley Wine Train），已成軍超過 25 年，為來自世界各地的美酒饕客與列車鐵道迷提供獨一無二的移動饗宴。

29 納帕品酒列車 百年鐵軌上的美酒派對

來到加州，非常值得往納帕細細品嘗當地的優質葡萄美酒，但與其開車，還有更具特色的玩法，就是參加當地獨一無二的古老品酒列車，更能愜意享受納帕葡萄園之美。

納帕品酒列車，所運行的鐵軌其實已有 150 年之久，幾乎和加州本身一樣老。這線鐵路是由舊金山首位百萬富翁布蘭南（Samuel Brannan）於 1864 年所建造，原是為了載送來自舊金山的旅客至加州南端位於卡利斯托加（Calistoga）的水療中心。隨著汽車逐漸普及，搭乘鐵路的乘客減少，鐵路最終於 1984 年出售，並成功被舊金山名人多梅尼科（Vincent DeDomenico）購入，成立納帕品酒列車公司。於 1989 年 9 月16 日首發列車，如今每年接待超過 10 萬人次，儼然成為納帕特有景色之一。

納帕品酒列車幾乎每天營業，搭乘時間約莫 3 小時，乘客可於納帕市區的麥金斯特里街（McKinstry）車站上車，由南至北貫穿納帕谷地，經過數個精華葡萄酒產區，包括納帕、揚特維爾、奧克維爾（Oakville）與拉瑟福德（Rutherford）等，直到最北端的聖海倫娜（St. Helena）後，再原路折返回到納帕市區，全程總長 36 哩。列車共 10 座車廂，每座均以納帕著名的葡萄酒品種為名，如夏多內（Chardonnay）、金芬黛（Zinfandel）、梅洛（Merlot）與卡本內蘇維翁（Cabernet Sauvignon）等。

列車的亮點之一，是 1915 年的鉑爾曼（Pullman）骨董餐車。這是納帕品酒列車以 19 世紀初風靡一時的豪華東方快車（Oriental Express）等古典豪華列車為參考藍本，積極修復而成。

車廂內大量使用桃花心木鑲板、黃銅配件、玻璃隔板，與頂級絨布扶手椅等，極其高貴，將列車打造為豪華、復古而典雅的舒適空間。除此之外，也有額外付費的頂級 1952 玻璃圓頂（1952 Vista Dome）車廂，共分為兩層，圓形玻璃車頂可眺望整個納帕谷，並提供奢華美食與隱密的私人座位。車廂乘客也可探索整節列車，包括廚房車廂、品酒車廂，以及火車最末端的觀景台。

© Jim G from Silicon Valley, CA, USA / Wikimedia Commons

乘載豪華的復古風格，又在全世界最美的葡萄酒產區中行駛，顯然還不夠。納帕品酒列車的 73 號火車頭（Locomotive），更是全美第一座以壓縮天然氣為燃料的火車頭。自 2004 年更新後，已為公司省下高達數十萬加侖的柴油消耗量。

到了 2013 年，列車又推出一台名為葡萄蒸餾酒（Grappa）的電力車，以復古運輸車廂改造成獨立供給電力、燈光、空調，甚至整個廚房的電力車，而內裝更是美觀。列車執行長賈丘（Tony Giaccio）接受訪問時説，「就我們所知，這是全世界唯一一台能夠讓乘客自由經過的電力車廂。車廂裡甚至有開放式窗戶，讓乘客一覽納帕美景，並大口呼吸葡萄園的芬香空氣。」外觀維持著復古的經典模樣，骨子裡卻已是省電又省油的現代化設備，也難怪納帕品酒列車成功吸引了全世界的鐵道迷共襄盛舉。

既然名為品酒列車，又坐落於美國的頭號美食之都，納帕品酒列車餐點和酒款的品質，自然不在話下。列車總計 3 個廚房，如果你以為這是好看不好吃的噱頭廚房，那可就錯了。名廚凱利・麥唐諾（Kelly Macdonald）自1993 年上車服務，在 2001 年成為行政主廚，帶領納帕品酒列車獲得納帕最佳旅遊餐廳的殊榮。

列車上所有餐點都在運行之中準備，講究的是新鮮食材：來自太平洋的新鮮海產、中央谷地的新鮮蔬果、鄰近農場的溫體肉品，甚至

© Jim G from Silicon Valley, CA, USA / Wikimedia Commons

是索諾瑪郡出名的乳酪等。除此之外，餐車的所有餐點皆可與當地葡萄酒搭配，以納帕酒為主，共計 40 多種。這還不是全部，列車上另有多達 30 多款精選葡萄酒的車廂，是名副其實的「一整車酒」。如果這還不夠滿足愛酒的你，回到納帕車站下車後，還有一家擁有 5 百多種葡萄酒的主題酒鋪，供你一飽眼福與口福。

品酒行程方面，納帕列車也提供 6 種不同酒莊參訪行程，包括推薦給第一次造訪納帕（Valley First）的酒莊行程、能夠享受氣泡酒盛宴（Domaine Chandon）的酒莊行程，以及一次囊括兩家酒莊（Ambassador）的酒莊行程等，一應俱全。為了讓品酒行程更多變化，列車也不定時推出各式各樣有趣的主題行程，包括「月夜葡萄園之旅」、「和釀酒人 / 酒農一同午餐」，甚至還有「特快車的謀殺案之夜」等新奇有趣的派對。

文 / 潘芸芝

Info.
納帕品酒列車（Napa Valley Wine Train）
地址：1275 McKinstry St, Napa, CA 94559
電話：+1-707-253-2111

一位釀酒怪才

藍道・葛蘭姆（Randall Grahm），是個從不按牌理出牌的超級夢想家，加州酒界習以為常的事情，他都有不同看法。

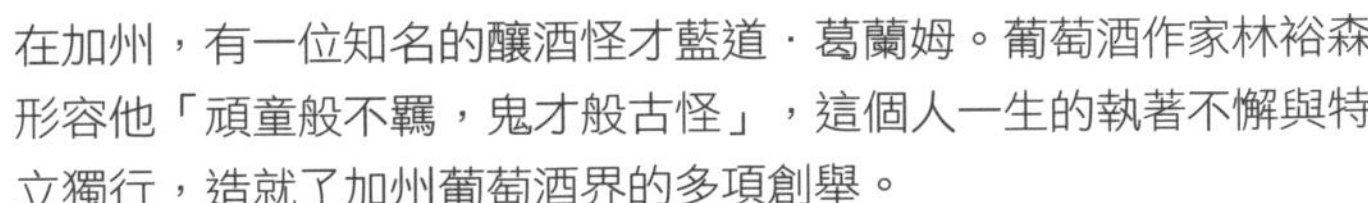

30 藍道・葛蘭姆 種出「會思考」的葡萄

石吉弘 攝

在加州，有一位知名的釀酒怪才藍道・葛蘭姆。葡萄酒作家林裕森形容他「頑童般不羈，鬼才般古怪」，這個人一生的執著不懈與特立獨行，造就了加州葡萄酒界的多項創舉。

一直以來，葛蘭姆都不停在尋找屬於加州酒的「風土特性」，這是葡萄酒的精神，也是葛蘭姆一生的課題。他大力提倡法國南部「隆河」（Rhone）地區的葡萄品種格那希（Grenache）及席哈（Syrah），因為隆河和加州的氣候較為相近，像是旗艦品牌 Le Cigare Volant，使用的就是法國南隆河地區的格那希及席哈等品種，而不是加州最主流的葡萄品種卡本內蘇維翁和梅洛。

2002 年葛蘭姆捨棄傳統的軟木塞，改採用金屬旋轉式瓶蓋，又是一個反主流的舉動。他認為金屬瓶蓋能減少軟木塞的污染問題，不會讓葡萄酒產生怪味，長時間儲存，葡萄酒在風味上也有更好表現。2006 年，他將酒莊原本的 35 支酒款縮減為 12 支，目的就是希望能專注在他所想要釀製的「風土」葡萄酒。2008 年，葛蘭姆將葡萄酒標上的成分透明化，為的就是能夠對全世界誠實，「每多加一樣東西，我都要三思而行。」

然而，葛蘭姆絕不是為反對而反對，知名美國酒評家休・強生（Hugh Johnson）說，「他是個有主見的人，別人跟隨潮流，他則使用邏輯。」而他釀出來的葡萄酒品質呢？2007 年葛蘭姆訪台，林裕森撰文解讀，「藍道釀造的葡萄酒，即使從加州酒的角度來看非常特立獨行，但在回歸到酒自身的滋味上，卻都可口易懂，相當平易近人。」

10 年前，葛蘭姆更開始回歸傳統，以歐洲古老的「自然動力法」（biodynamic）來種植葡萄，不使用化肥或是農藥，而是依據日月星辰的運轉來決定種植與收穫葡萄的時間，並以礦石及植物等材料

BONNY DOON VINEYARD
PETIT VERDOT
A PROPER CLARET 2012
Grenache Cuvée

石昌弘攝

做肥料。葡萄在種植上減少人為干預，甚至連灌溉都要「像天一樣下雨」，在不預期的時間澆灌。因為葡萄也是會思考的，如果定期給予舒適充分的水量，它的根就不會努力伸進每一寸泥土裡。

近幾年，葛蘭姆為了尋找屬於加州在地風土的葡萄，甚至決定從葡萄「種子」開始種起，「那會是全新的品種，讓葡萄在經過繁殖之後，自然生長出具加州土壤及微型氣候風味的葡萄，也許要花15、20 年的時間。」

在葡萄酒界，沒有人這麼做的。一般來說，葡萄會以嫁接的方式來種植，以維持原品種的特性。在傳統的歐陸舊世界，更是以老藤葡萄樹自豪。在法國，葡萄種植是酒莊代代相傳的事業，而在新世界，經常只有一代而已。葛蘭姆解釋，風土的生成是時間的累積。

對葛蘭姆來說，種葡萄、釀酒的過程，不只是農業、商業而已，更是看見自己的過程，是一種人生哲學。「施行『自然動力法』讓我察覺到要活在當下、把握現在，去仔細觀察這一刻正在發生的事，知道何時要下雨、何時該收穫了，傾聽心裡的『直覺』。」減少人為干預，困難和吃力的工作留給大自然去做，葡萄就能夠吸取土壤的滋味，得到屬於它自己的芳香。

文 / 游惠玲

石吉弘攝

Info.

邦尼頓酒莊（Bonny Doon Vineyard）

地址：450 Highway 1, Davenport, CA 95017

電話：+1-831-471-8031

六款話題加州酒

加州葡萄酒是科學釀酒的典範，他們挑戰舊世界框架，展現新的葡萄酒風格，甚至影響消費者口感。更重要的是，加州酒不但因此登上世界舞台，還有了自己的身分與認同。

31 Stag's Leap Wine Cellars 讓加州酒站上世界舞台

加州酒的發展史上最重要的一役，是 1976 年的「巴黎審判」（The Judgment of Paris）葡萄酒品評大會。

這場轟動大西洋兩岸的盲飲，可説是美法兩國的紅白酒大戰。擔任評審的人士，包括法國法定產區管理局主管、布根地（Burgundy）頂級酒莊 DRC（Domaine Romanee-Conti，全世界最貴的酒莊）莊主與米其林三星餐廳老闆等。

擁有悠久歷史的法國酒莊信心滿滿，沒想到加州酒不但與法國頂級酒莊分庭抗禮，「鹿躍酒莊」（Stag's Leap Wine Cellars）更以 1973 年份 S.L.V.（Stag's Leap Vineyards）紅酒一舉掄元，成為品酒會中的大贏家。

出人意表的評比結果讓加州酒莊士氣大振，更讓加州酒一舉躍上世界舞台。

Info.

鹿躍酒莊（Stag's Leap Wine Cellars）

地址：5766 Silverado Trail, Napa, CA 94558

電話：+1-707-944-2020

酒款：S.L.V., Cabernet Sauvignon, Napa Valley

32 Robert Mondavi 現代加州酒先驅

羅伯・蒙岱維（Robert Mondavi）是近代加州酒的靈魂人物。他60 年代末在納帕谷成立「羅伯蒙岱維酒廠」（Robert Mondavi Winery），極力提升加州酒品質。當時白蘇維翁品種，多半釀成略甜且簡單型，消費者多有負面印象。他自1968 年份起，為推廣搭餐而將其釀成不甜型，並以橡木桶培養，結果酒富酸度且豐富。市場感敏銳的蒙岱維，還自法國白蘇維翁產區普依芙美（Pouilly Fumé）借用「Fumé」一字，讓白蘇維翁以新名「Fumé Blanc」重獲新生，成功的商業手法兼顧酒質改造，可謂酒史經典。

© David Ohmer / Wikimedia Commons

Info.
羅伯蒙岱維酒廠（Robert Mondavi Winery）
地址：7801 St Helena Hwy, St Helena, CA 94574
電話：+1-707-226-1395
酒款：Fumé Blanc Reserve, Napa Valley

33 Opus One 美法合作新典範

葡萄酒界巨擘羅斯柴爾德男爵（Baron Philippe de Rothschild）如願將「木桐堡」（Château Mouton-Rothschild）推上法國波爾多（Bordeaux）一級酒莊後，1979 年與蒙岱維合作，以加州卡本內蘇維翁為基礎，打造一款波爾多風格的好酒。此酒後來取名為「作品一號」（Opus One），象徵兩位名人的合作，酒標並飾以兩人頭像。Opus One 在 1984 年上市時，酒質廣受好評，價格一飛沖天。直至今天，儘管此酒產量極大，行情仍是令消費者心驚（約合新台幣 8 千元），堪稱天王合作的話題酒款先驅。

© Lyn Gateley / Wikimedia Commons

Info.
作品一號（Opus One）
地址：7900 St Helena Hwy, Oakville, CA 94562
電話：+1-707-944-9442
酒款：Opus One

© Ash Berlin / Wikimedia Commons

34 Screaming Eagle 高價膜拜酒創紀錄

「嘯鷹園」（Screaming Eagle）是加州膜拜酒（Cult Wine，專指納帕谷迷你酒莊所釀的高價葡萄酒，因為量少，幾乎喝不到、看不到）第一天王。釀酒師海蒂・巴瑞特（Heidi Barrett）可說是追求極限的科班世家，她協助房地產商珍・菲利浦（Jean Phillips）在納帕谷圓了酒莊夢，將原本僅是出售葡萄的「嘯鷹園」，轉型成量少、價高的車庫型酒莊（Vin de garage，意指小型葡萄酒坊）。在酒評家羅伯特・派克（Robert Parker）極為正面的支持下，此莊 1992 年份 6 公升裝紅酒，在拍賣會創下單瓶 50 萬美元的世界紀錄，掀起加州膜拜酒的狂潮。

Info.
嘯鷹園（Screaming Eagle）
地址：PO Box 12, Oakville, CA 94562
電話：+1-707-944-0749
酒款：Screaming Eagle

35 Ridge Vineyards 全球最迷人的金芬黛

有人質疑加州酒難以陳年。2006 年以「巴黎審判 30 年」（The Judgment of Paris 30th Anniversary）為名，舉辦了一場「復刻版」品酒會，美法珍釀再度駁火，結果「利吉莊園」（Ridge Vineyards）以蒙特・貝羅（Monte Bello）葡萄園的卡本內蘇維翁，在老酒組（1971）新酒組（2000）皆獲勝。

不過這個酒莊還有另一項絕活，就是加州在地品種金芬黛。酒莊位在索諾瑪的萊頓泉（Lytton Springs）葡萄園，開園已有半個世紀，有百年老藤，被認為是全加州（甚至全世界）最迷人的金芬黛。

Info.
利吉莊園（Ridge Vineyards）
地址：17100 Montebello Rd, Cupertino, CA 95014
電話：+1-408-867-3233
酒款：Lytton Springs

© Lachlan Hardy / Wikimedia Commons
© Ethan Palenchar (turbobumble) / Wikimedia Commons

36 Schramsberg 國宴盛典的迎賓酒

夏多內向來是加州白酒主力，除了釀成不甜白酒，更是製造氣泡酒的好材料，純用夏多內釀製的氣泡酒可稱為「白中白」（Blanc de Blancs）。「施哈姆伯格」（Schramsberg）的氣泡酒為何值得一書？因為 1972 年前美國總統尼克森（Richard Milhous Nixon）前往中國與周恩來簽訂《上海公報》時，就是特別帶了這款酒「為和平舉杯」。

以傳統方法（瓶中二次發酵）製作的「施哈姆伯格」氣泡酒，品質精良，歷年來皆是國宴常備酒，酒莊牆上也掛滿了雷根（Ronald Wilson Reagan）、布希（George Herbert Walker Bush）、柯林頓（William Jefferson "Bill" Clinton），還有黛安娜王妃（Diana, Princess of Wales）等名人品飲照，堪稱加州氣泡酒的工藝精華。

文 / 屈享平（HP）

© 5th Avenue & 72nd Street / Wikimedia Commons

Info.
施哈姆伯格（Schramsberg Vineyards）
地址：1400 Schramsberg Rd, Calistoga, CA 94515
電話：+1-707-942-4558
酒款：Blanc de Blancs

三大餐車嘉年華

餐車是可媲美台灣夜市的美式道地小吃，平價也有好品質，到舊金山絕對不要錯過。跟著餐車在戶外趴趴走，學習當地人把握夏季好時光。

石吉弘攝

37 Fort Mason Center
漁人碼頭旁的濱海大舞池

週五下午 5 點鐘，舊金山原本高掛的太陽漸斜射，照射出悠長美麗的光線，降落在鄰近漁人碼頭的福特梅森中心廣場（Fort Mason Center）上，一片金光閃閃。這裡，已經被 20 多台餐車團團包圍，熱鬧的搖滾樂聲陣陣，廣場瞬間變成一座大舞池。家長帶著小小孩在中心區域跳起舞來，三五好友從不同的餐車點菜，彼此分享。現場售有啤酒，食物的香氣伴著笑鬧聲，氣氛像是去朋友家裡吃飯一樣輕鬆隨興。

Info.
福特梅森中心廣場（Fort Mason Center）
時間：週五17:00 ~ 22:00
地點：Fort Mason Center，2 Marina Blvd, San Francisco

38 Civic Center
古建物風情與日光浴午餐

舊金山市政廳是座美麗有氣勢的「布雜藝術」（Beaux-Arts）風格建築，宏偉而對稱，是國家歷史地標，它的前方有個開闊的綠樹廊道廣場，週四上午 11 點，陽光正好，中和了舊金山的涼意。5、6台餐車在此聚集，附近的上班族、城市觀光客或是推著嬰兒車的年輕父母，都來此品嘗「日光浴午餐」。主辦單位貼心地在廊道上擺了椅子，讓用餐者能夠隨意使用。即便每台餐車前都大排長龍，也不用擔心，點餐、結帳速度很快，在這座舒服的城市裡排隊，也不覺得受罪。

Info.
舊金山市政廳（Civic Center）
時間：週五11:00 ～ 14:00
地點：Civic Center，McAllister and 1 Dr. Carlton B. Goodlett Pl., San Francisco

39 Presidio
夕陽草地遠眺金門大橋

每週四傍晚至晚上，以及週日的下午，到金門公園內的「普瑞斯帝歐要塞」（Presidio），可以遠眺金門大橋及海灣，還有十多台餐車同時集中在一大片綠草坡地邊，場面盛大熱鬧，現場還有爵士音樂表演，寵物、小孩開心在草地上翻滾、追逐，就像是一場盛大的戶外音樂會。參與者不必費心在家中準備餐點，只要帶着野餐墊及愉快的心情前來即可，夕陽西下後，溫度漸漸降低，記得帶條毛毯保暖，入夜後準備欣賞月色。

文 / 游惠玲

Info.

普瑞斯帝歐要塞（Presidio）

時間：週四（Twilight at The Presidio 17:00 ～ 21:00）
　　　週日（Picnic at The Presidio 11:00 ～ 16:00）

地點：Presidio, Main Post Lawn

THECHAIRMANTRUCK
CHAIRMANTRUCK
THE
CHAIRMAN
MOBIMUNCH.COM/THECHAIRMAN
THE CHAIRMA
CHAIRMAN SF LLC
177 EDDY ST.,
SAN FRANCISCO, CA 94102
15

三台美味餐車

舊金山餐車文化發展很成熟，上網就可以隨時掌握餐車蹤跡，其中 3 台餐車是舊金山人最愛，絕不要錯過！

40 The Chairman
東西融合口味的美味餐車

「董事長」（The Chairman）這家舊金山人有口皆碑的餐車，結合台灣刈包及美式漢堡，變身成東西融合口味，可以選擇熱蒸（steamed）的白刈包外皮，或是美式香烤（baked）漢堡皮。招牌「豬腹肉」帶點油花，長時間烹調的熟軟口感幾乎入口即化，搭配台式醃蘿蔔片及日風新鮮綠紫蘇，吃起來相當爽口。

舊金山人因為很愛追著餐車跑，因此建立了「舊金山組織餐車活動平台」（Off the Grid），網址是：www.offthegridsf.com，也可用手機查詢 App：Off the Grid。

文 / 游惠玲

Info.
董事長（The Chairman）
網址：www.thechairmantruck.com

41 Bacon Bacon 花樣培根甜鹹通吃

現做的牛肉漢堡加了煎烤得酥脆的培根片，香氣及口感更加富足，麵包皮酥香微熱，整體都到位。「培根培根」（Bacon Bacon）大玩培根花樣，連甜點都是用培根做的，酥香的「巧克力裹培根」（Chocolate Covered Bacon），吃起來鹹中帶甜。還有「培根焦糖爆米花」（Bacon Caramel Corn），也相當受歡迎。

文 / 游惠玲

Info.
培根培根（Bacon Bacon）
網址：www.baconbaconsf.com

42 Sam's Chowder Mobile 鮮味滿點

「山姆的行動巧達濃湯」（Sam's Chowder Mobile）供應的是新鮮海鮮，將龍蝦肉拌上微溫的奶油，再包入烤過的熱狗麵包裡（Sam's Famous Lobster Roll），吃起來滿口鮮蝦味，超級過癮。「山姆的行動巧達濃湯」特別強調他們經常與當地的農家合作，注重海鮮的永續來源，菜單更是隨著季節變化。

文 / 游惠玲

Info.
山姆的行動巧達濃湯（Sam's Chowder Mobile）
網址：www.samschowdermobile.com

時尚 Fashion

從華麗內衣到Ｔ恤、牛仔褲，舊金山改寫時尚史，到今天都不退流行。

一件性感內衣

讓女性內衣成為華麗奪目的時尚，讓看不到的更性感，就是舊金山給世人的品味禮物。

43 奢華性感，維多莉亞的祕密

世界近代時裝的發源，雖在法國，但把內衣變成時尚重要的一部分，這功勞，可非歸美國不可了。兩個重要品牌，凱文克萊（Calvin Klein，簡稱 CK）及維多莉亞的祕密（Victoria's Secret），一前一後，分別將男性及女性的內衣穿著，帶上了伸展台。

CK 用純棉材質，將男性內衣提升到運動時尚的層次，可說是內衣時尚光譜上「極簡性感」的一端；而另一端「華麗奪目」的類型，則非維多莉亞的祕密莫屬。

維多莉亞的祕密這個年輕品牌，1977 年才成立，本是蝸居在加州史丹佛校區旁的內衣精品店，1985 年，創辦人雷蒙（Roy Raymond）開始改變形態以美女郵購型錄行銷，一炮而紅，成為全美知名品牌。

總部在舊金山的維多莉亞的祕密，從 1995 年開始在紐約舉行內衣服裝秀，雷蒙讓內衣模特兒穿上色彩繽紛的翅膀，「天使的純真」與「內衣的性感」完美結合，在全美電視聯播的推波助瀾下，維多莉亞的祕密成為熱門品牌，樸素的內衣變成光彩奪目的時裝秀。

「女為悅己者容」是私密內衣更重要的條件，色彩、樣式及功能皆具的內衣服裝秀正是最好選擇。更重要的，在年度內衣大秀中一鳴驚人的維多莉亞的祕密天使，成為名模競相爭取的舞台。

©Samantha Max from Johannesburg, South Africa / Wikimedia Commons

叫得出名號的世界超級名模，包括：克勞蒂亞・雪佛（Claudia Schiffer）、伊娃・赫茲高娃（Eva Herzigová）、安娜・希克曼（Ana Hickmann）、奧拉琪・昂維巴（Oluchi Onweagba）、潔西卡・史達（Jessica Stam）、埃馬努艾拉・德・保拉（Emanuela de Paula）、卡西亞・辛格勒維奇（Katsia Zingarevich），都曾穿上天使翅膀，少了維多莉亞的祕密加持，超模光環就是缺一角。

文 / 王之杰

Info.
維多莉亞的祕密（Victoria's Secret）
地址：San Francisco Shopping Centre, 865 Market St, San Francisco, CA 94103
電話：+1-415-974-1760
產品：女性內睡衣褲、泳裝、鞋襪、香水和美容產品

時尚金三角

牛仔褲、T恤、帆布鞋，形成三大美式經典時尚，百搭實穿，不曾從時尚的浪頭退下。

44 牛仔褲 礦工褲變身時尚潮流

牛仔褲，幾乎是每個人衣櫃裡的必備單品。誰想得到，舊金山淘金礦工的工作褲，居然能橫亙兩個世紀，流行至今。

這股在 50、60 年代燒起的野火，由好萊塢影星馬龍・白蘭度（Marlon Brando）、詹姆斯・迪恩（James Byron Dean）點燃。他們在電影裡叛逆英雄的形象，讓年輕人看得熱血沸騰。美國文化用好萊塢電影進軍世界，也把這股從底層社會竄起的流行風潮，搭配搖滾樂（Rock 'n' Roll）套裝輸出，用酷炫徹底顛覆西方的時尚秩序。

不過，史上第一條牛仔褲其實是咖啡色的。1853 年，美國帆布商李維・史特勞斯（Levi Strauss）為總是抱怨褲子易破的淘金礦工，用做帳篷、車篷剩下的帆布縫製工作褲，史上第一條牛仔褲問世，既無銅釘也非藍色，而是帶點鐵鏽感的咖啡色，其耐磨堅固深受礦工歡迎。

1873 年，李維斯（Levi's）因應工人採收礦石的需求，在受力的口袋接縫加裝銅釘固定。之後更從法國尼姆（Nîmes）進口染成靛藍色（indigo）的斜紋粗棉布，又稱單寧布（denim），紡得較緊，更耐磨耐髒。且為求色調統一，他們只跟一家紡織廠買布。從此，牛仔褲的世界才變成藍色。

藍色、齊腰、銅扣、直筒，保證縮水、起縐、褪色的褲子，成為李維斯的經典褲型，1890 年後更多了個名字：501XX。「501」代表

該單寧布匹的批號，雙 X 則是品質最牢靠之意。在許多牛仔褲迷與藏家眼中，他們愛的是 501XX，而不是 Levi's 這個品牌名。性格男星馬龍・白蘭度在電影《飛車黨》（*The Wild One*）中，穿著皮衣，大秀他 1947 年的 501XX；詹姆斯・迪恩更是戲裡戲外都穿著它；就連蘋果創辦人賈伯斯，在每回萬眾矚目的新品發表，都穿著水洗藍色 501。

1976 年，當美國歡慶建國 2 百週年，一條 501XX 牛仔褲被選進華盛頓史密森國家博物館（Smithsonian Institution），成為美國歷史文物的永久蒐藏。2000 年，501XX 更打敗迷你裙及黑色小洋裝，被美國《時代》雜誌選為 20 世紀的最佳流行服飾。

史上最貴的牛仔褲，也同樣由 501XX 拿下。2003 年，李維斯公司以 12 萬 5 千美元（約合當時新台幣 430 萬），從一個日本骨董商處購回一條 1879 年產的雙 X（當時尚未定名 501）。

早期牛仔褲是男性的天下，白蘭度與迪恩兩位男星，把牛仔褲陽剛的男人味發揮到極致，而瑪麗蓮・夢露（Marilyn Monroe）則是其中唯一的嬌俏身影。

這位熱愛牛仔褲的性感女神曾說，自己必須到軍用品店買男性牛仔褲，再穿上它泡進浴缸，等乾了縮水才能貼合她的身型。她在電影《亂點鴛鴦譜》（*The Misfits*）裡，穿上低胸白襯衫搭配李（Lee）的牛仔外套和直筒牛仔褲，展現純真氣息。而在《大江東去》（*River Of No Return*），她穿著傑西潘尼（JC Penney）的復古藍色牛仔褲，褲管塞進靴中，也成為經典。

70 年代的人氣偶像布魯克・雪德絲（Brooke Shields），伸出長腿，挑逗說出「在我和我的 CK 之間，什麼都沒有」的廣告詞，一週就讓 CK 牛仔褲狂銷 40 萬條。90 年代至今的主流，則是越來越低的褲腰，青少年偶像小甜甜布蘭妮（Britney Spears）和克莉絲汀（Christina Aguilera）都是信奉者，當她們穿著卡在髖骨的牛仔褲、秀出完美腰線舞動時，大家大概已經忘記牛仔褲最早是礦工的褲子了。

文 / 李莘于

呂恩賜攝

45 T恤
出自底層的百搭衣款

時尚設計師亞曼尼（Giorgio Armani）曾説：「我每天起床第一件穿上的是白 T 恤，每天晚上最後一件脱下的也是白 T 恤。」

牛仔褲最好的朋友 T 恤，同樣也是出自底層。據説起源於 17 世紀中，美國馬里蘭州安納波利斯港（Annapolis Harbor）碼頭的卸茶工人為了方便辨識，身上穿的短袖汗衫寫著醒目的「Tea」，稱為「Tea 恤」，久而久之就簡稱為「T 恤」。史書上第一次記載 T 恤則是 1899 年美國海軍的純棉內衣。但這種白色純棉衣只能保守地穿在裡頭，不可外露。美國設計師湯米・席爾菲格（Tommy Hilfiger）甚至曾因穿 T 恤上學而被遣送回家中，理由是「他只穿了一件內衣」。

直到 1951 年馬龍・白蘭度在電影《慾望街車》（*A Streetcar Named Desire*）中穿的那件緊身白 T，以及詹姆士・迪恩在電影《養子不教誰之過》（*Rebel Without a Cause*）中夾克、白 T、牛仔褲的穿著，讓 T 恤從內衣變成一件很酷的服裝，從此開始擺在百貨公司的時裝區。90 年代，流行天王麥可・傑克森（Michael Jackson）更是把白 T 恤的狂潮推上高峰，閃亮的夾克裡，不變的總是猶如貼身內衣的 V 領、圓領白 T，跟著他的「月球漫步」（moonwalk）成為不朽的時尚符號。

文 / 李莘于

46 帆布鞋 經久耐磨又便宜

美國版《美麗佳人》（*Marie Claire*）時尚總監妮娜．賈西亞（Nina Garcia）說：「在時尚女人的鞋櫃，除了躺著克里斯提魯布托（Christian Louboutin）和馬諾洛布拉尼克（Manolo Blahnik）的高跟鞋之外，還有匡威（Converse）。」一句話點出了帆布鞋不只是運動鞋，更與時尚品味有高度關聯。

史上第一雙可跑可跳的運動鞋，就是帆布鞋。

談到帆布鞋，必須先談現代橡膠之父——查爾斯．固特異（Charles Goodyear）。固特異先生其實不是輪胎商（該品牌與他無關），而是個發明家，因為他在 1939 年的「橡膠硫化」的實驗，發明了今日的輪胎材質，汽車輪胎才應運而生。

有趣的是，當時固特異之所以做這個實驗，其實只想做一雙耐穿的帆布鞋。19 世紀的鞋以皮鞋為主，但皮料昂貴，當時的橡膠和帆布則很便宜，固特異突發奇想，希望將兩者結合成為大家都可以穿的鞋子。他跟瘋子一樣鍥而不捨、傾家蕩產地研究，偶然把橡膠、氧化鉛和硫黃放在一起加熱，才發現經過硫化的橡膠堅固而柔韌，能讓膠底與布面緊密乾爽結合，這才開啟帆布鞋的康莊大道。

© Brooke Fishwick / Wikimedia Commons

1917 年，一次世界大戰後，體育蔚為風氣，凱茲（Keds）率先以「潛行者」（Sneakers，字義為鬼鬼祟祟行動的人，移動時輕巧無聲）為名，出產第一雙軟質膠底運動鞋，形塑了現代帆布鞋的樣貌。然而這仍僅限於球場上，直到 1920 年，當代時尚領袖英國溫莎公爵（Duke of Windsor）造訪美國，上半身西裝、足下一雙 Keds 帆布鞋，這才震驚上流社會時髦人士。

同年，另一個著名品牌 Converse 也推出帆布球鞋「全明星」（All-Star），但其氣勢直到 1923 年找來職籃球星查克．泰勒（Chuck Taylor）代言同名款，才真正高漲起來。這也是球鞋找球星代言的商業模式濫觴，造福了爾後的籃球大帝麥可．喬登（Michael Jordan）、小皇帝詹姆斯（LeBron James）等後進。

整個 50 到 70 年代，從奧運代表隊到螢幕偶像，腳上都是一雙帆布鞋，導演伍迪．艾倫（Woody Allen）甚至在一身正式禮服下配

了一雙「Chuck Taylor All-Star」帆布鞋參加晚會。為了迎合年輕族群，Converse 並將高筒改低，與當紅的 T 恤、牛仔褲形成「金三角」的組合。

80 到 90 年代，帆布鞋曾一度被冷落，強調各種新材質、避震、高彩的運動鞋才是主流。但物極必反，千禧年後時尚吹起復古風，大家又開始想念起白鞋頭、單色調的帆布鞋。英國版《男人幫》（*FHM*，*For Him Magazine*）雜誌曾選出 50 大經典鞋款，Converse 的「Chuck Taylor All-Star」打敗耐吉（Nike）的「飛人喬丹第一代」（Air Jordan I）榮登冠軍，創造全球唯一單一鞋型銷售 6 億雙的紀錄。連時尚品味備受肯定的美國第一夫人蜜雪兒．歐巴馬（Michelle Obama），上脫口秀節目時，腳上踩的也是 Chuck Taylor。名牌三宅一生還曾在巴黎時裝週以 All-Star 為靈感，打造出一雙高筒到腰際的帆布鞋，由此可看出帆布鞋已成為打破性別族群的大眾文化，與麥當勞、可口可樂、福特汽車、Levi's 牛仔褲一樣，成為美國傳統文化精神的象徵。

文 / 李莘于

帆布鞋百搭三祕訣

1. 帆布鞋要彰顯輕鬆、隨興的感覺，但又不要讓人感覺邋遢，可以選擇質感好的襯衫、牛仔褲搭配，但襯衫扣子不要扣到底，袖子與褲腳也可以捲起來。再搭配大的帆布包或托特包（tote bag）。
2. 混搭。帆布鞋價格不用高，但身上其他小配件，用經典或價值感高的物件，如很有設計感的名牌眼鏡、鑽石項鍊，可以拉高整體質感。一件很有型的小外套也是很好的選擇。
3. 選擇黑、白或米色的帆布鞋，除了百搭，也因為帆布鞋輕鬆、隨興，不需要成為視覺焦點，顏色太鮮豔反而失去質感。

一大平價時尚

猜猜看，美國第一夫人蜜雪兒和好萊塢巨星莎朗．史東（Sharon Stone）喜愛的服飾中，有哪一個共同交集的品牌？答案是，從美國舊金山發跡的 Gap。

47 Gap
平價時尚，老少咸宜

1996 年，莎朗．史東穿上 Gap 的黑灰色套頭上衣，搭配范倫鐵諾（Valentino）喇叭裙，精品與平價時尚混搭，走上奧斯卡頒獎典禮的紅地毯。2014 年 3 月，美國總統歐巴馬前往紐約參加民主黨募款餐會，車隊行經 Gap 時，他短暫停留，為太太和兩個女兒購買衣服。

Gap 是全球第三大服裝製造零售業者，僅次於西班牙「颯拉」（Zara）母公司與 H&M 集團。2013 年，Gap 營收達 161 億美元（約合新台幣 4,834 億元）。在 Gap 店裡，從平民百姓到政商名流，從年輕男女到阿公阿嬤，每個人都能在這裡找到適合自己的牛仔褲、卡其褲、棉質 T 恤等，各取所需。

其實，1969 年 Gap 之所以創立，是因為創辦人費雪翻遍加州一家時裝店，卻找不到適合自己的牛仔褲。當時，百貨公司提供的樣式和尺寸選擇性都不多。費雪和太太桃樂絲（Doris Fisher）決定創立專賣 Levi's 牛仔褲和錄音帶店鋪，取名為 Gap，希望以老少咸宜的休閒服，消除叛逆嬉皮和古板家長之間的世代代溝。

費雪把店裡不同尺寸和款式的牛仔褲，分別放置於小方格櫃中，開創專賣零售模式，顧客知道自己的尺寸後，能有效率地挑選與購物，並找到最適合他們體型的牛仔褲。半年後，不賣錄音帶了，專賣服飾；1974 年，創立 Gap 品牌服飾。最初費雪只設想開幾家店，沒想到，這種帶給顧客充分選購自由的概念，演變成擁有 6 大品牌、超過 90 個國家的 3,100 多家直營店鋪。

Gap 鼓勵消費者從購物的自由，延伸到生活的自由，1997 年，贊助紐約證券交易所 3 千 5 百位交易員週五穿上全套休閒卡其服，這是 2 百多年來頭一遭，交易員在上班日脫下西裝與套裝，以休閒服擁抱屬於他們的「休閒星期五」（Casual Friday）。

這個創舉，影響美國許多企業訂定「休閒星期五」，允許員工在星期五無須穿正式服裝，可穿休閒服上班，帶動美國休閒風的流行，甚而影響到全世界。

文 / 柯曉翔

©達志影像

建築 Architecture

在現代化建築潮流下，仍盡力保有當地特殊地貌的舊金山，呈現出一種不喧囂的多元建築風格。

四棟有趣建築

經過一場大地震的舊金山，重生後展現出混合的建築，風格各異其趣，搭配綿延的丘陵地形，形成一道道美好風景。

48 維多利亞風格建築 繽紛多彩的百年老屋

舊金山之所以這麼美，漫步巷弄間是如此賞心悅目，都有賴保存良好的維多利亞風格建築（Victorian house），百年老屋讓人感覺好似穿越時空。

維多利亞風格建築風格於 1820 至 1900 年間興盛，當時英國維多利亞女王時期因國力鼎盛，人民也開始將住宅打造得更精雕細琢，傳到美國來演變成哥德復興式（Gothic Revival）、義大利式（Italianate）、女王安妮式（Victorian Queen Anne），以及將之簡化的平民維多利亞式（Folk Victorian），可惜在 1906 年舊金山大地震及大火中，眾多民宅被燒毀，僅當年阻絕大火蔓延的威尼斯大道（Van Ness Ave）以西，倖存約 1 萬 4 千棟維多利亞風格建築，居民至今都住在這些老房子裡。

舊金山的卡斯楚區、米慎區、海特街上處處可見美麗的維多利亞風格建築，而當中最為人津津樂道的，是享譽國際的阿拉莫廣場（Alamo Square）上的「彩繪女士」（Painted Ladies），保存精良，使用 3 種或更多的顏色裝飾外牆，其中 6 棟連在一起的房子被暱稱為「六姊妹」（Six Sisters），看過去背景就是舊金山著名的天際線。其他維多利亞風格建築特徵有以木片裝飾外牆成魚鱗狀、屋頂成尖形、三角窗等，顏色相當繽紛，家家戶戶各有巧思。

文 / 李思嫻

Info.

阿拉莫廣場（Alamo Square）

位址：四周以海斯街（Hayes Street）、富爾頓街（Fulton Street）、斯科特街（Scott Street）及施泰納街（Steiner Street）圍繞。

© Mireia García Bermejo - Wikimedia Commons

49 科伊特塔
向救火英雄致敬

科伊特塔（Coit Tower）在舊金山的天際線中別具一格，直聳入天的塔像是一根石柱，佇立在電報山（Telegraph Hill）的先鋒公園（Pioneer Park）上，登上塔頂可 360 度盡覽舊金山風光。

野生的鸚鵡在電報山上築巢，西半球最陡的路之榛子街（Filbert Street）盡頭也在此，科伊特塔就坐落在這陡峭的山丘上，徒步爬上去十分費力。1933 年建成，科伊特塔名取自經費捐贈者莉莉・希區柯克・科伊特（Lillie Hitchcock Coit），她在 19 世紀末以女性之姿闖入北灘（North Beach）上流社會的男性社交圈，對英勇的消防隊員別有敬佩之情，去世後的部分遺產便用於建立有「救火英雄塔」之稱的科伊特塔，在這座她眷戀的城市增添一道風景。

彼時時興「裝飾藝術」（Art Deco）建築風格，建築師阿瑟・布朗（Arthur Brown）及亨利・霍華德（Henry Howard）使用未上漆的鋼筋混凝土建造科伊特塔，塔高 64 公尺，搭乘電梯至塔頂欣賞美景，舉凡舊金山知名的金門大橋、惡魔島（Alcatraz Island）、海灣大橋（Bay Bridge）等，全部一清二楚。一、二樓的壁畫也很值得一看，於 1934 年由 27 位受雇於「藝術公共工程」（Public Works of Art Project）的壁畫家，以濕壁畫（Fresco）繪製，描繪加州在經濟大蕭條時期的各層面生活，一樓壁畫可免費盡情遊覽，但二樓壁畫較為脆弱，僅於週六開放並限制參觀人數。

文 / 李思嫻

© Caroline Culler (Wgreaves) / Wikimedia Commons

Info.
科伊特塔（Coit Tower）
地址：1 Telegraph Hill Boulevard, San Francisco, CA 94133

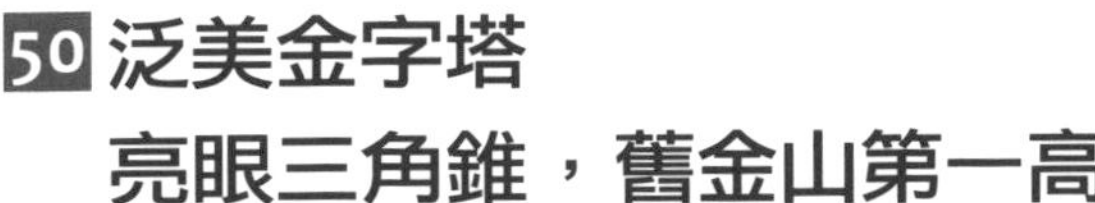

50 泛美金字塔 亮眼三角錐，舊金山第一高

舊金山摩天樓中最醒目的一棟便是泛美金字塔（Transamerica Pyramid），它是最有現代感的金字塔，也是舊金山第一高樓。

地位等同於紐約帝國大廈（Empire State Building）的泛美金字塔，由建築師威廉・佩雷拉（William Pereira）採用後現代主義（Postmodernism）設計，他大量使用白色石英混凝建材，讓泛美金字塔呈現亮眼的三角錐特殊外觀，於 1972 年完工。共 48 層樓，辦公空間以上是到了夜晚會發亮的尖塔，在特殊節日會點上有「皇冠上的明珠」（Crown Jewel）之稱的白燈，但位於 27 樓的觀景台已因 911 事件關閉。

泛美金字塔建於舊金山第一座防震、防火建築——蒙哥馬利座（Montgomery Block）原址，東側為電梯、西側為樓梯，共有 3,678 格窗戶，金字塔主體外兩側突出來的翼，增加了高樓的內部空間。到了舊金山很難不瞧見 260 公尺高的泛美金字塔，地處寸土寸金的金融區，但緊鄰一樓的是城市綠洲泛美紅木公園（Transamerica Redwood Park），自然成為上班族中午休憩的空間。泛美金字塔曾一度名列世界百高建築，之所以稱為泛美，乃因這曾是泛美保險公司（Transamerica Corporation）的總部。

文 / 李思嫻

© Daniel Schwe / Wikimedia Commons

Info.

泛美金字塔（Transamerica Pyramid）

地址：600 Montgomery Street, San Francisco, CA 94111

51 迪楊美術館 銅板外牆隨時間變色

迪楊美術館（de Young Museum）以長方形展場空間、44 公尺高的塔樓組成，試圖融入周圍綠意盎然的公園，並保留過往埃及、西班牙建築時期留下的元素，沒有移走門前的棕櫚樹，展現明亮、寬敞的室外空間。最特殊的是建築外牆，設計師大量運用自然界的銅、石及木材，任憑它生鏽的銅板覆蓋整體建築，隨著時間推移，色澤會漸漸改變。

從美術館一旁附屬咖啡店的走道可通往奧謝爾雕塑花園（Osher Sculpture Garden），藝術家詹姆士・特勒爾（James Turrell）強調光線概念的戶外裝置藝術《三顆寶石》（*Three Gems*）隱身其間，也是喜好藝術者參訪的一大重點。搭上電梯可直通塔樓頂端觀景台，館內的常設特展以 17 至 21 世紀的美國藝術、當代藝術及非洲藝術為主。

當今的迪楊美術館，是 2005 年時重新改建而成的作品，儘管建築很新，但歷史源遠流長，早在 19 世紀末，迪楊美術館、日式茶園（Japanese Tea Garden）就為加州隆冬世界博覽會（California Midwinter International Exposition）而建，以當時負責策展的報業龍頭麥可・亨利・迪楊（Michael Henry de Young）為名，使用古埃及元素貫穿整棟建築，卻因大地震變成危樓，於 1919 年整修成西班牙華麗風格（Spanish-Plateresque-style），而後再度年久失修，才於 2005 年由「赫爾佐格和德梅隆建築師事務所」（Herzog & de Meuron）接手打掉重蓋。

文 / 李思嫻

Info.
迪楊美術館（de Young Museum）
地址：50 Hagiwara Tea Garden Drive, San Francisco, CA 94118
電話：+1-415-750-3600

©wikipedia

辦公室兩種酷設計

什麼樣的辦公室，可以讓員工盡情窩在裡面，不管加班到幾點都甘願？

楊文術

52 幽默搞笑，消除疲憊 辦公桌旁就是超人電話亭

來到加州孟羅公園（Menlo Park），遠遠瞧見豎起大拇指的「按讚」巨型看板，就知道臉書（Facebook）總部已經到了。

在這個宛如小型社區的園區中，中央廣場上由地磚大剌剌拼貼出巨型「Hack」（駭）字樣，門牌也改為自己命名的駭客路一號（1 Hacker Way）。這裡所指的駭客，不是透過網路駭取別人資料的罪犯，而是創辦人兼執行長佐克伯（Mark Zuckerberg）所說，代表著不滿足於現狀，能隨時動手解決問題、開發新事物，不斷挑戰極限的「駭客精神」。

忘了帶 3C 配件，到免投幣販賣機刷一下員工證，不論是電池、耳機，還是蘋果鍵盤、充電器，統統免費送給你。寫程式寫到煩，遊戲室有免費打到爽的大型遊戲機台。腳踏車壞了，可免費修車。園區內甚至提供免費印製海報與 T 恤圖樣的工廠，及免費木工廠。

如果嫌印刷廠、木工廠還不夠搞怪的話，隨便往哪個角落望過去，輕易就能發現駭客們跳脫框架的解決問題思維。散見在辦公室走道上的螢幕，秀的不是影片也不是老闆玉照，是為了在動輒 3、4 千人出沒的園區中，能立刻搜尋他人位置的即時電子座位表。

辦公室內桌子高低交錯蔚為奇觀，原來是公司擔心久坐對員工身體不好，於是將每張辦公桌都換成可調高度款式，坐累了還可將桌子拉起用站姿辦公。為了在開放空間中，讓人情話綿綿再肉麻也不會被偷聽，辦公桌旁還設了電話亭。至於電話亭內搞笑的超人裝到底是誰放的，目前已不可考。

© LPS.1 / Wikimedia Commons

Info.

臉書總部（Facebook headquarters）

地址：1 Hacker Way, Menlo Park, CA 94025

電話：+1-650-543-4800

EXIT
BIG TONY'S
PIZZERI
PIZZA
楊文財攝

53 森林般的空中花園 激發駭客創意

社交網路公司推特（Twitter）的辦公室，同樣也讓員工舒服得不想回家。「來跟我們一起成長吧！我們團隊辛勤工作、盡情玩樂！」Twitter 徵才網頁上這麼寫著。瑜伽室、健身室和遊戲室只是辦公室基本款，和臉書總部一樣，園區處處有巧思，而且盡情寵壞員工，餓了，有吃到飽的零食、飲料及自助餐。

Twitter 總部屋頂還有一個廣達半英畝的花園，擺上顏色鮮豔的沙發，在舊金山四季如春的宜人天氣中，員工可以在此野餐、讀書，或進行腦力激盪，是 Twitter 讓人無法招架的徵才招募利器。

不過，説到空中花園，臉書的大手筆更是令人瞠目結舌。臉書舊金山總部初落成時雇員不到 2 千人，現在員工人數以倍數暴增。因此 2015 年在舊園區西側，又增建占地 22 英畝的新側翼區，屋頂擁有如森林般、7 個足球場大的花園空間，還有步道可以散步，大手筆激發駭客們的創意！

此外，臉書總部牆上竟然還掛了如假包換的野生動物棲地證書。原來，兩年前有一隻狐狸不請自來，工程師們被「萌」到之餘，一不做二不休，乾脆改造園內環境，正式取得棲地認證。

文 / 蔡靚萱

Info.
推特總部（Twitter headquarters）
地址：1355 Market Street Suite 900. San Francisco, CA 94103

四位科技人居家品味

舊金山孕育了改變全球的科技創業潮，《alive》深入探訪科技人的家，帶你看看他們的居家風格。

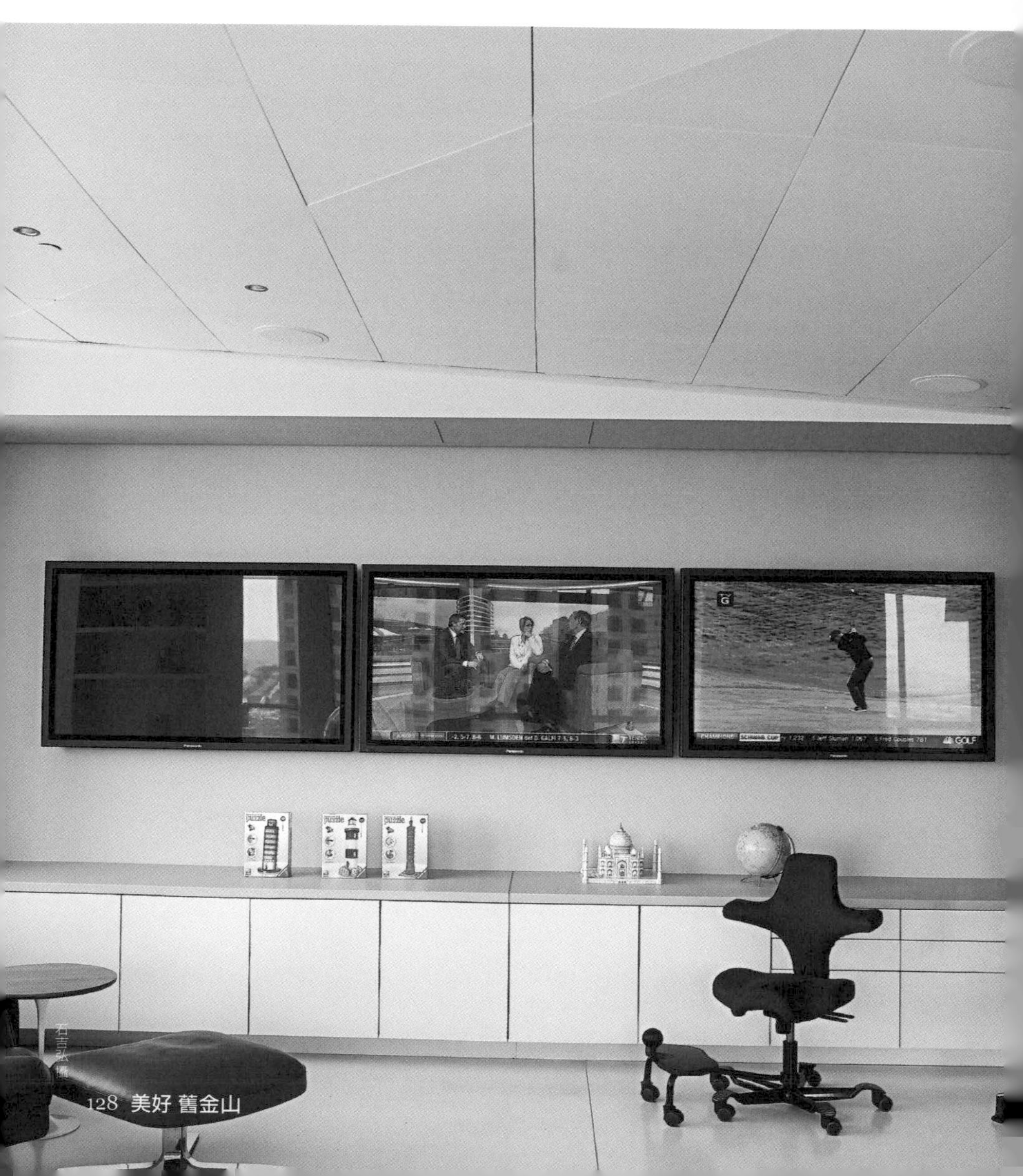

石吉弘攝

54 YouTube 創辦人 摩登大宅變成兒童遊戲室

影音網站「YouTube」創辦人陳士駿，位於舊金山市中心聯合廣場（Union Square）附近的公寓大廈，是他與家人的「城市度假屋」。大片玻璃窗，引入高樓外的藍天風景，牆壁也被漆上柔和的藍色，這裡是陳士駿的雲端。

陳士駿喜歡曼哈頓風格的簡約摩登，將家中所有管線及機器設備，都藏到機房中，讓空間潔淨不紊亂。在這間科技大宅中，客廳一口氣放了三台電視，一台收看即時新聞，一台播放長時間的球賽，時常是在靜音狀態，另一台則可以自由選擇。

2006 年 11 月，當 YouTube 以 16.5 億美元（約合新台幣 5 百億元）被谷歌（Google）收購的那一刻，他和合夥人查德・赫利（Chad Hurley）瞬間成為億萬富翁。那年，他才 28 歲。

不到一年，有一回陳士駿在返回舊金山的途中，竟在飛機上失去意識、抽搐，所幸當時飛機因延遲尚未起飛，才能及時送醫。「腦瘤」無預警找上他。他想起賈伯斯的那句話：「死亡是生命最好的發明。」錢、房子、車子，都不是陳士駿的人生目標，他經歷結婚、腦瘤開刀，還生了兩個可愛的孩子。

腦瘤開刀成功後，陳士駿仍須持續服藥，他保持健康生活與規律運動，同時更享受當父親的角色。談起爸爸經，他臉上幸福滿溢：「你知道嗎？我大兒子 4 歲時，會用的 2 個 App，一個是 YouTube、另一個就是 Google。這感覺好奇妙，我從沒想過會看著我兒子使用這兩個跟我關係這麼深的 App。」孩子報到後，單身漢住家瞬間變成遊戲場，陪伴家人，成了陳士駿最愛的事情之一。

文 / 游惠玲

石吉弘攝

55 愛比科技 CEO 中庭有陽光的艾克勒屋

愛比科技（IPEVO）執行長洪裕鈞是位設計人，由他所設計的一款蘋果周邊產品 P2V 實物攝影機，連賈伯斯看了都讚歎。向來敢說直言的他，主張「有道理的設計」，認為：「設計的目的不在於讓東西看起來漂亮一點，而是要找出目的背後的意義，然後賦予它一個造型。」

洪裕鈞位於加州帕羅阿圖（Palo Alto，矽谷的一部分、史丹佛大學所在地）的住家，由建築開發商喬瑟夫・艾克勒（Joseph Eichler）所設計的「艾克勒屋」（Eichler Home），就是最經典的好設計。

建於 1949 至 1974 年間的艾克勒屋，在矽谷及舊金山都有，戶數超過 1 萬戶。在當時是以承襲包浩斯學校（Bauhaus）所推行的「現代主義」（Modernism）理念來設計，即便過了大半個世紀，它們仍舊「經典」，歷久彌新，是禁得起時間考驗的好設計。

艾克勒受到美國有機建築大師萊特（Frank Lloyd Wright）的影響，認為建築設計必須促進環境與人類的和諧，艾克勒屋一反當時美國傳統承襲歐洲風格的建築，特徵包括：「以單純的梁柱結構（post and beam）構成簡潔俐落的線條」，房屋承重結構改變，屋內就不必存在大型柱子，空間在視覺上更加寬敞。「從地板直達天花板的大片玻璃窗」及「室內中庭的設計」，能引進加州終年的美麗陽光及氣候，讓居住者即便在屋內，也感覺置身「室」外。在當時，從來沒有人這樣蓋過大型的開發案，讓艾克勒屋成為「前瞻創新」的代名詞。

洪裕鈞強調，更難能可貴的是，艾克勒在當時不分種族、宗教信仰，鎖定中產階級為主要的銷售對象。現在聽起來不稀奇，但半世紀前的美國，還存在著「黑白分明」的種族問題，他不僅在建築設計上前衛，思想觀念也領先潮流，「所以，買 Eichler 房子的人，不只買房子，也是買一種『相信』。」洪裕鈞說。

文／游惠玲

石吉弘攝

56 矽谷科技人愛運動 大車庫勝豪宅

矽谷新創公司「策普實驗室」（Zepp Labs ）執行長傑森．法斯（Jason Fass）是個戶外運動咖。2012 年 6 月 30 日，法斯參與一個 9 人團隊，以「風箏衝浪」（Kite Boarding）的方式橫越英吉利海峽，整個隊伍僅僅花了 2 小時 41 分 43 秒的時間達陣，打破金氏世界紀錄。

2012 年加入公司成為 CEO 的法斯，既是老闆、老公，也是兩個可愛女兒的老爸。對於一個身兼多重角色、雙薪家庭的新創公司 CEO 來說，行程表裡是找不到空隙的，但他卻仍能在工作、興趣及生活間找到平衡點。祕訣是：活在當下，專注現在。

不論再忙，他總會把午休時間「攔截」下來，穿上自行車衣，變身為運動員。每天，一個鐘頭的時間，法斯跳上自行車，和自己約會。現在，法斯公司的產品，也是結合他自身對於戶外運動的興趣，高爾夫、網球及棒球揮桿感應器，可記錄並分析使用者揮桿的動作，為使用者創造出更好的運動成績。就像許多矽谷的創業人，法斯家有一整年餐桌即辦公桌，車庫就是倉庫，規模擴大後才遷入辦公室。

法斯全家人都是超級戶外運動咖，後院雖不大，卻足以容納全家人及狗兒；大車庫可以停入 2 輛車，卻被各式戶外用品占據。因為法斯家中每個人都有一台自行車，連 2 歲多的小女兒也有台玩具車，車庫裡足球、衝浪防寒衣、安全帽等戶外用具一應俱全。法斯說：「我不會想換一間大豪宅，但我想換一間有大車庫的房子，容納我們所有的戶外活動用品。」一句話點出了他人生的價值觀。

文 / 游惠玲

石吉弘 攝

57 電動車充電站創辦人 帶來好心情的花園好屋

電動車充電站（ChargePoint）公司的創辦人理查・羅溫索（Richard Lowenthal），年過 60，活得精彩痛快。他曾多次協助創立新公司、當過矽谷庫柏蒂諾市（Cupertino）市長、在加州擁有 7 棟房子、家庭幸福美滿、家中掛滿熱心公益獎牌。旅行過大半個世界的他說，「住在加州很棒，你可以早上醒來去太浩湖（Lake Tahoe，北美最大的高山湖泊）滑雪、下午去聖塔克魯茲（Santa Cruz）海邊曬太陽，世界上很少有這樣的地方。」

即便人生已經什麼都不缺了，每天早上才過 8 點，羅溫索就已經開著他超級拉風的紅色特斯拉跑車，出現在辦公室。「科技就是我的興趣，一直以來，我都很享受工作，不但好玩，又可以賺錢！」

吉弘攝

原本以為熱愛科技的羅溫索會住在科技屋裡，造訪之後發現，原來由夫人艾倫（Ellen）打理的住家，典雅如飯店，又有家的溫馨感。艾倫是位綠手指，前庭花木扶疏，連路人看了都有好心情。

「好玩」，是羅溫索每天早上起床，都能保有新鮮感的原動力。

「電影《一路玩到掛》（*The Bucket List*）給我很深的感觸。」羅溫索認為人生要活得痛快、及時行樂，不要留下遺憾。現在，他的電腦裡也放了一份願望清單：騎自行車到太浩湖；學義大利語；花更多的時間跟朋友在一起；學駕船⋯⋯。

每天起床時，羅溫索會深刻期待這嶄新的一天所要帶給他的訊息，生命和生活從不讓他厭倦，即便偶有失敗也阻止不了他，他說：「我從不放棄、永遠樂觀。」

文／游惠玲

設計 Design

當科技遇上設計後，激盪出耀眼火花，
讓科技變得很美。

九款運動潮物

舊金山隨處可見沿著海灣慢跑的跑者、帶著耳機漫步的旅人，或背著郵差包（messenger bag）的單車通勤族。充滿設計風格的運動時尚，正是由此地興起。

58 郵差包 單車族肩上的最佳拍檔

若談到從生活機能出發的產品，並衍生為一種都會次文化，絕不能不提郵差包。走在舊金山街頭，常見許多自行車騎士背著一款後背包，牢固地斜貼後背，看上去十分有型，那就是郵差包。

郵差包源於 1950 年代，由紐約環球帆布公司（De Martini Globe Canvas）首創，卻在舊金山發揚光大，與當地的自行車文化深度結合。

郵差包當初其實是專為架線員設計的工作包，讓架線員攀爬電線杆時，能方便拿取包包裡的工具。1970 年代，自行車郵差也開始使用這款實用的工作包，所以叫作郵差包。郵差包的背帶從一肩橫跨胸前，再牢靠地貼在背部，相較於其他公事肩背包，郵差包更符合人體工學，且外型特別。因此，逐漸演變為都會次文化，在 80、90 年代轉變為時尚配件，深受大眾喜愛。

舊金山擁有許多知名的郵差包品牌。例如，1989 年創立的廷巴克（Timbuk2），是舊金山郵差包始祖，以三面板和三色設計著名，可為顧客客製化郵差包；任務工作室（Mission Workshop）則是內外皆防水、且發展專利的品牌。

另一個品牌克羅（Chrome）跟加州許多新創科技公司一樣，是 1996 年由一群年輕人在車庫裡開創。這群小伙子運用他們找到的堅韌材質，把汽車廢棄安全帶製成郵差包背帶，內裡則使用一般軍用卡車防水布。Chrome 強調實用和持久，旗下郵差包終生保固。

文 / 柯曉翔

59 護目運動眼鏡 全面包覆耐衝撞

誰能讓麥可．喬丹投資，又讓電影《不可能的任務》（*Mission: Impossible*）中的阿湯哥（Tom Cruise）、《駭客任務》（*The Matrix*）的基努．李維（Keanu Reeves）都戴它的太陽眼鏡？答案是「奧克利」（Oakley），這是全球運動眼鏡市占率最高的品牌，擁有全球最多運動眼鏡專利，也是好萊塢明星的最愛。

1975 年，一位被稱為科學狂人的吉姆．賈姆德（Jim Jannard）在美國加州私人車庫裡，以 3 百美元創業，運用新材質創造越野機車的防滑手握套，打破過去手握套碰水就會打滑的情況，成為 Oakley 品牌首個販售的商品，並獲得美國兩項獨家專利，之後衍生設計賽車、滑雪護目鏡。

©達志影像

© Luxottica / Wikimedia Commons

1984 年，賈姆德為 Oakley 設計出第一支「遮光眼罩」（Eyeshades）全包覆式太陽眼鏡，可抵擋陽光、強風，這也是全球首支運動眼鏡。1987 年的「刀鋒」（Blades）調節式運動太陽眼鏡，可根據環境、使用習慣進行調整，擁有全球獨家 5 項專利。Oakley 擁有許多獨步全球的技術，如擁有專利商標的高清晰度光學性能（HDO，High Definition Optics），鏡片在任何角度都擁有最佳視角，並且耐衝撞與防護紫外線，被美國國家標準學會選為擁有最佳清晰度與保真度。

文 / Min Wan

GREGORY
Wrangler
JEANS RAW

60 理想登山包 符合人體工學的貼心設計

2001 年 6 月，首位登上聖母峰的盲人登山家衛恩麥爾（Erik Weihenmayer）登上《時代》雜誌的封面，當時陪伴著他一起攻頂的，是加州戶外背包品牌「歐斯裴」（Osprey）的經典包款「蒼穹 60」（Aether 60），那張照片成為登山界經典，也讓 Osprey 奠定登山包的地位。

Osprey 許多符合人體工學的創新設計，影響全世界的登山背包。1976 年 Osprey 首創在登山包縫上透氣網布，可加強散熱，讓背負者登山時較為舒服，至今影響每個登山背包都得有透氣網布。

爾後 Osprey 強化各種登山背包功能，在 1998 年讓登山包多了腰帶設計，協助分散力道，這也是衛恩麥爾挑選 Osprey 包款登山的主因。2005 年 Osprey 設計出全球首款熱鑄腰帶，可依照人體背負的施力點進行訂製，以符合最佳人體工學，成為一項難以超越的獨特設計。

另一款大受歡迎的登山包，則是「葛列格里」（Gregory），因為首創依據每個使用者身型調整背包的個人化設計，被美國戶外活動者選為背包理想品牌第一名。

1977 年，由韋恩・葛列格里（Wayne Gregory）與妻子創立 Gregory，當時他因無法找到滿足自己使用的登山包款，而決定獨立設計、生產，在 80 年代 Gregory 首創「Active 背負系統」（Active Suspension System），透過腰帶調節，讓不同重量的背包有背負力道，也首創買背包量背長的概念，讓登山包與背負者的背部形狀有更緊密接觸。

Gregory 在 2000 年後進軍香港、日本，也針對日本特別設計潮流款式的背包，結合登山包的造型特性，與許多藝術家合作，大大提高登山背包的價值，讓背包猶如精品一般。

文 / Min Wan

61 全防水外套
全球極限登山家最愛

經典登山電影《巔峰極限》（*Vertical Limit*）中，所有主角在片中穿的極限登山裝備，全出自專業登山界頗有地位的加州運動品牌「山浩」（Mountain Hardwear）之手。這個以六腳螺絲帽為 logo 的戶外用品品牌，承襲加州的冒險犯難精神，聚焦設計極限登山者的裝備。

1993 年，6 位愛好極限登山運動者創立了 Mountain Hardwear，當時他們苦於市面上少有專為極限登山打造的裝備，因而從使用者經驗出發，研發出「完全防水外套」（Synchro Jacket），便於登高山時保暖與防水。另一大戶外品牌「北面山」（The North Face）也與全球最大的機能布料廠商「戈爾特斯」（Gore-Tex）合作開發新面料，以薄膜壓製出最輕薄的防風防水外套，受到冰攀界及登山界的歡迎。

文 / Min Wan

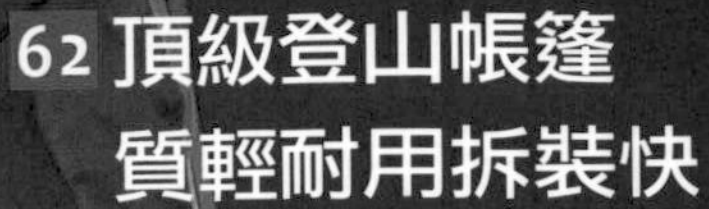

62 頂級登山帳篷 質輕耐用拆裝快

創立店面於加州舊金山的 The North Face，因在北半球超過 5 千公尺高山中，山峰北面是冰雪覆蓋最厚且攀爬難度最高，以此命名，藉此象徵品牌不怕艱難、持續挑戰與創新的精神。

The North Face 第一個成名商品於 1966 年發明，道格拉斯．湯姆金斯（Douglas Tompkins）創造全球首頂不用帳篷中間的橫桿，改用可彎曲式的彈性桿支撐帳篷，讓登山的帳篷減輕橫桿重量、並方便拆卸，因而打響名號。

另外，被美國《背包客》（*Backpacker*）雜誌選為年度編輯首獎的 Mountain Hardwear「空飛」（Airjet）帳篷，雖重達 1.8 公斤，卻可在 2 分鐘內組裝完畢，得以應付山區突如其來的暴風雪，同樣受到登山客的喜愛。

文 / Min Wan

詹逸棠攝

63 衝浪裝備 防寒保暖自在舒適

加州得天獨厚的地理位置，加上樂於自我挑戰的人們，引領戶外運動風潮，也成為衝浪的發源地之一，三面環海的舊金山，更吸引無數衝浪者前來享受豔陽與刺激。

素有魔鬼海灘之稱的舊金山海岸，經常可見與浪濤搏擊的衝浪者。熱愛衝浪的藝人路嘉怡，推薦加州知名衝浪品牌「衝浪技」（Surftech）的衝浪板，重量輕、浮力大、硬度高，是許多衝浪愛好者的第一選擇；極限運動潮牌「福爾康」（Volcom）的潛水衣，彈性佳且可保暖防寒，再搭配一條陽光性感衝浪短褲，是路嘉怡衝浪的最佳裝扮。

文／張綾玲

詹逸棠攝

64 印花機能靴 為陽剛靴帶來新風貌

戶外休閒活動盛行的舊金山，孕育當今全球頗負盛名的運動機能品牌。無論是由「DC 滑板鞋」（DC Shoes）和舊金山服飾品牌 FTC 共同催生的聯名鞋款「山貓 S FTC」（Lynx S FTC）、專為登山客打造的「天柏藍」（Timberland）經典黃靴，或「在地」（Native）新推出的迷彩軍靴，不約而同都染上了印花，為陽剛靴帶來新風貌。

Timberland 的反折靴，帶有嬉皮風編織圖騰反折內裡，搭配珊瑚紅、藍或紫的搶眼配色與 100% 回收再製的聚酯布（PET）鞋片，兼具時尚與耐用；復刻版熱賣的 Lynx S 鞋型，鞋舌和內裡布滿熱情的印花，淋漓盡致地詮釋了多元文化的西岸精神。

文 / 張綾玲

65 全皮質網球鞋 鞋底具備避震系統

讓許多人誤以為是瑞士品牌的「蓋世威」（K-Swiss），卻是個道地的加州品牌，1966 年由兩位來自瑞士的布魯內爾（Brunner）兄弟檔創立。

當時兩兄弟移居加州，因為加州溫暖陽光讓他們學習打網球，卻因找不到舒適的網球鞋，在 1966 年創造全球第一雙全皮質且運用吸震鞋底的白色網球鞋「經典」（Classic），從此打響名號。

Classic 當時顛覆全球對網球鞋的想像，不僅使用全皮材質，並加強避震系統，鞋側 5 條平行線設計成為最著名的標誌。

K-Swiss 從網球鞋起家，也跨足休閒鞋、運動服飾等產業，曾在 2002、2003 年是全美獲利最高的鞋類品牌。近年 K-Swiss 專注在慢跑、鐵人三項等賽事，並開發多款慢跑鞋。

文 / Min Wan

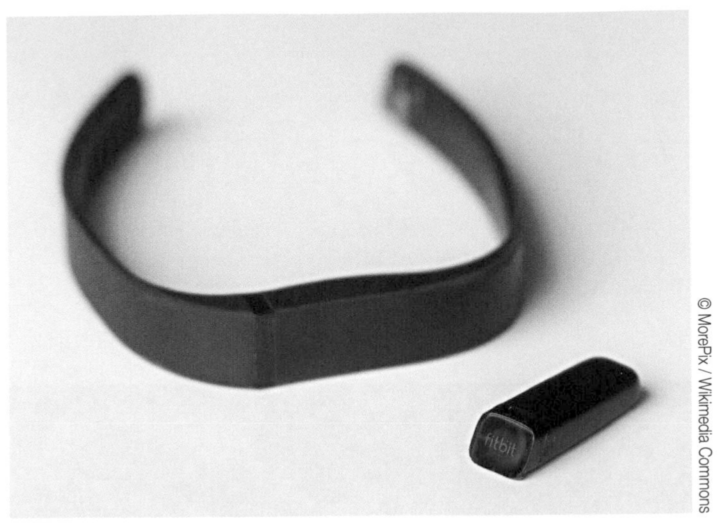

© MorePix / Wikimedia Commons

66 時尚運動手環 24小時貼身教練

運動風潮當道，隨身健康管理裝置也成為配件新寵。

像是飛比特（Fitbit）推出的智慧運動手環福雷克斯（Flex），如一名 24 小時不離身的私人教練，約 12 公克的輕巧重量適合全天配戴，白天記錄使用者的活動量，包含行走步數、距離、活躍時間和消耗卡路里數，晚上則監測睡眠品質，所有數據全都能無線同步到電腦和手機上，還能與好友互相 PK。

雖然是為了管理健康而生，但 Flex 手環外型簡約，沒有多餘設計，單靠螢幕上亮起的 LED 燈數目，提醒使用者本日完成進度，還一口氣推出 10 種顏色，可依心情和服裝搭配更換外殼，成為隨身的搶眼配件。99.95 美元的售價，被認為是 CP 值最高的智慧運動手環。

文 / 陳怡如

五項科技新時尚

身為首屈一指的科技殿堂，舊金山除了技術實力領先全球外，設計軟實力也同樣引領風騷。《alive》精選 5 樣重量級產品，帶你一窺舊金山特有的科技美學。

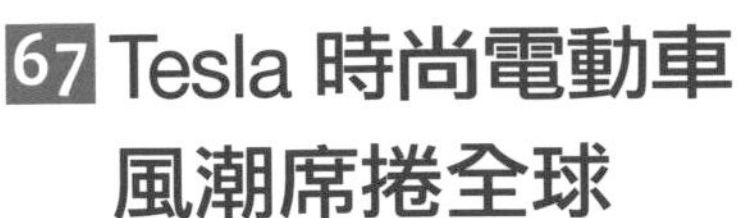

67 Tesla時尚電動車風潮席捲全球

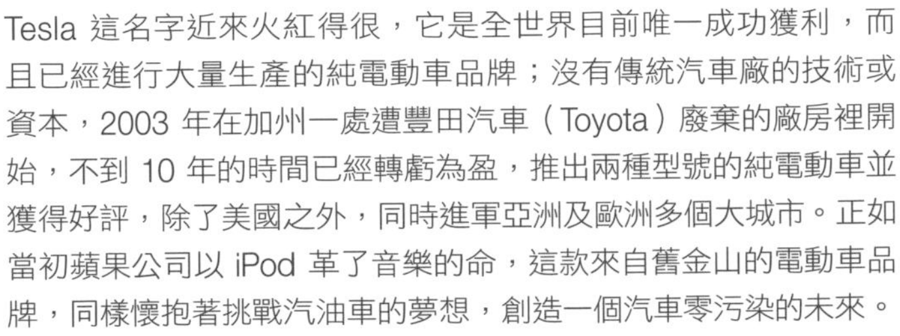

Tesla 這名字近來火紅得很，它是全世界目前唯一成功獲利，而且已經進行大量生產的純電動車品牌；沒有傳統汽車廠的技術或資本，2003 年在加州一處遭豐田汽車（Toyota）廢棄的廠房裡開始，不到 10 年的時間已經轉虧為盈，推出兩種型號的純電動車並獲得好評，除了美國之外，同時進軍亞洲及歐洲多個大城市。正如當初蘋果公司以 iPod 革了音樂的命，這款來自舊金山的電動車品牌，同樣懷抱著挑戰汽油車的夢想，創造一個汽車零污染的未來。

Tesla 的成功，歸功於眼光獨到的創辦人——伊隆・馬斯克（Elon Musk），許多人把他喻為下一個賈伯斯，兩度入選《時代》雜誌全球百大風雲人物。

說起 Tesla 電動車的優點，第一是外型漂亮，性能出色。以目前銷量最好的型號 Model S 為例，它擁有世界唯一全玻璃天窗，時速由 0 到 100 公里的加速表現，跟當今市場上的跑房車不相上下，直逼保時捷（Porsche）及寶馬（BMW），極速也可達每小時 200 公里，是第一台讓電動車擁有如此高性能，並成功量產而受到市場歡迎的電動車。

Tesla 電動車的第二個優點是續航力驚人，許多電動車令人擔心的最大問題之一，就是開到一半電池沒電，又找不到充電站；可是 Tesla 的 Model S 讓電動車擁有堪比汽油車的續航力，充飽一次電可以行駛約 426 公里，超過台北到高雄的距離。

文 / 程中鵬

© Redbluebloood / Wikimedia Commons

68 Mission RS 電動摩托車 地表上速度最快的電能工藝

有著地表上速度最快電動摩托車美名的「任務 R」（Mission R），由「摩托車任務」（Mission Motorcycles）一手打造。Mission R 在各大電動車賽場上已經頗負盛名，曾於 2011 年在世界電動摩托車大賽（TTXGP）中，以領先第 2 名 39.9 秒的成績完成 8 圈賽事，拿下冠軍，同時也刷新電動摩托車在賽道的最快圈速。

去年 Mission Motorcycle 更進一步推出旗艦版 Mission RS，極速可達每小時 240 公里，從 0 加速到 96 公里只要 3 秒，支援最大的行駛距離為 225 公里。車頭配備觸控面板，整合導航、通訊和各式行車資訊。整體車身線條流暢、犀利，比起一般造型溫潤的電動機車，更能傳達出追求速度的形象與效能，也為下一世代的電動機車，預先做了示範。

文 / 陳怡如

© http://www.flickr.com/people/dno1967b / Wikimedia Commons

69 Faraday 電動腳踏車 50 年代復古優雅輕時尚

每到通勤時刻，大批自行車騎士成為舊金山另一道獨特街景。在台灣看到的電動腳踏車多半外型有點笨重，但因應舊金山坡道，時尚而優雅的電動腳踏車「法拉第」（Faraday），流線型的設計，顛覆大家對電動腳踏車的印象。

Faraday 的設計靈感來自 40、50 年代經典的歐洲自行車，因而有著復古外觀。墨綠色的金屬車架，搭配淺棕色的皮革手把，再加上來自英國著名的「布魯克」（Brooks）座墊，最重要的是不見一般電動腳踏車笨重的電池，Faraday 特意將鋰電池設計成長條狀，放置在手工車架的管狀空間裡，可提供 32.2 公里的輔助騎乘，整台車重量不到 18 公斤，塑造出簡約的都會單車風格。

文 / 陳怡如

© OFFICIAL LEWEB PHOTOS、Wikimedia Commons

71 Nest 溫度調節器 iPod 之父的最新美學力作

iPod 之父東尼・法戴爾（Tony Fadell）離開蘋果後的最新力作，便是推出智慧溫度調節器──「巢」（Nest）。因為一次裝潢度假小屋的經驗，讓法戴爾萌生打造溫控器的念頭，以智慧化的學習方式，和極具美感的設計，重新定義溫度調節器。

外觀上，Nest 以圓潤轉盤調整溫度，使用上更撇除繁瑣的溫控排程，安裝後經過一週時間，Nest 便會自動學習使用者的生活習慣，直接調整溫度。

像是知道你喜歡在快回家前預先打開冷氣降溫，甚至感應到沒人在家走動時，自動停止供電，也能透過手機 App 遠端控制，每年約可為用戶節省 20% 的電費。人性化的使用方式，讓 Nest 一推出就獲得很大回響，2014 年 1 月被 Google 以 32 億美元高價收購。

文 / 陳怡如

© Chwoody4 / Wikimedia Commons

70 Jambox 無線喇叭 立體浮雕設計好吸睛

一向以設計出名的「卓棒」（Jawbone），在創辦人暨執行長拉曼（Hosain Rahman）領軍下，推出許多頗獲好評的消費性電子產品，其中最經典的莫過於智慧藍牙無線喇叭「金霸斯」（Jambox）。

主打隨身喇叭的 Jambox，體積輕巧一手就可掌握，迷你版甚至只有 258 公克，可以直接放入口袋。

用 Jambox 播放音樂時，直接以藍牙連結手機、平板或電腦後，就能享受獨門專利的立體聲和重低音效，內建麥克風，因此也能同時進行網路通話和電話會議。輕巧好攜帶，加上搶眼色彩和鋁合金外殼上的立體浮雕設計，是最大吸睛亮點。

文 / 陳怡如

VanNess Ave. California
34
& Market
Streets

逛遊 Travel

叮噹車、散步、騎單車，在高低起伏的道路上，盡覽舊金山的美好風光。

漁人碼頭四樂事

18 世紀中期後，義大利裔漁夫移民到舊金山漁人碼頭（Fisherman's Wharf），造就了此地獨一無二的海灣風情。

72 大啖鄧金斯螃蟹 感恩節序曲

坐上老輕軌電車，往北的終點站便是漁人碼頭。義大利漁夫於18世紀中來這討生活，如今每年吸引上千萬觀光客到此一遊，紀念品店、海鮮餐廳、旋轉馬車、海獅、街頭藝人……綻放歡樂的典型美式風情。

來到漁人碼頭，首先吸引目光的就是大大的螃蟹招牌。入秋時節，放眼望去滿鍋螃蟹冒著熱騰騰的蒸氣，小販在街頭烹煮誘人的海鮮料理。出海捕撈的漁船，卸貨點就在鄰近的碼頭，為了縮短新鮮漁獲變成盤中飧的速度，在碼頭邊烹調成了第一選擇，滿滿海鮮總讓人食指大動。

每年 11 月至隔年 6 月，是可以享用鄧金斯螃蟹的季節。美國西岸早在 1848 年開放捕蟹，漁夫接受祈福後就能出海，數日後懷著興奮之情於清晨回到港口，因為時節正好，許多舊金人視吃鄧金斯螃蟹為感恩節的序曲，尤其當季漁獲量甚豐，價格也較為親民。肥美的鄧金斯螃蟹肉質滑嫩且扎實，一隻蟹至少 2 磅重，蟹肉占總重25%，水煮是最傳統的吃法，也最能吃得到鮮甜的原味。不僅漁人碼頭一帶，舊金山的餐廳會依漁獲狀況、品質，推出期間限定的鄧金斯螃蟹新菜單，蒸炒煮炸樣樣行。

乘載了歷史意義的鄧金斯螃蟹，早在兩個世紀前就飽足了舊金山人的胃、占據了他們的心，至今不變。

©達志影像

Info.

漁人碼頭（Fisherman's Wharf）

範圍：海灣街（Bay Street）以北，巧克力廣場（Ghirardelli Square）至35號碼頭（Pier 35）間

交通：舊金山輕軌 F Market 線，或路面纜車跑華-海德線（Powell-Hyde）均可到達漁人碼頭（終點站）

©達志影像

© BrokenSphere / Wikimedia Commons

73 必喝蛤蜊巧達湯 與酸麵包結合的濃郁滋味

除了鄧金斯螃蟹，蛤蜊巧達湯（Clam Chowder）也是來到漁人碼頭的必吃佳餚。

配料豐盛、口感層次豐富，蛤蜊巧達湯是源自美國東北部新英格蘭地區的家常菜，因各地飲食習慣不同而發展出多種吃法，好比曼哈頓、羅德島的版本就沒這麼濃稠。

舊金山的蛤蜊巧達湯版本也很特別，這裡將濃濃的湯汁舀入挖空的酸麵包（Sourdough）中，早在 1894 年人們就將巧達湯與「波丁酸麵包工廠」（Boudin Bakery & Cafe）的麵包合而為一，讓人既能喝到湯，也能吃到吸飽湯汁的麵包，美味且更有飽足感。在滾滾霧氣籠罩的當下，來碗暖暖的濃湯剛好。

Info.
波丁酸麵包工廠（Boudin Bakery & Cafe）
地址：PIER 39, Pier 39 Pier 39 Concourse,
San Francisco, CA 94133
電話：+1-415-421-0185

© Taken by John O'Neill / Wikimedia Commons

74 39號碼頭曬海獅 舊金山海灣經典風景

站在漁人碼頭水岸邊的木棧道上，蔚藍的舊金山灣在眼前拓展開來，往東望去見著的是金門大橋，惡魔島就在正前方，從舊金山綿延至奧克蘭的海灣大橋則在西邊。

漁人碼頭最出名的「39 號碼頭」（Pier 39），則有著一群神態可人的海獅，牠們從水中竄出，用力一扭彈上甲板，仰天發出「嘔嘔嘔」的叫聲，接著把另一隻正在曬太陽的海獅擠下水……1989 年 9 月至今，海獅年年往「39 號碼頭」聚集的原因仍是謎，數量可多可少，2009 年感恩節週末時曾一次聚集了 1,701 隻海獅。這群海獅、海狗和海象等在加州很常見，研究人員更曾在奧勒岡州發現「39 號碼頭」海獅的蹤跡，1 號公路邊的「海象海灘」（Elephant Seal Beach）可以看到的種類更多，但「39 號碼頭」從舊金山市區走路就到得了，與人們最親近。

之後再到鄰近的海灣水族館（Aquarium of the Bay）走走逛逛，是最適合親子同樂的濱水園地。

© BrokenSphere / Wikimedia Commons

Info.

海灣水族館（Aquarium of the Bay）

地址：PIER 39, 2 Beach St, San Francisco, CA 94133

電話：+1-415-623-5300

© Daderot / Wikimedia Commons

75 機械博物館 骨董遊戲機伴你回到過去

走進漁人碼頭的機械博物館（Musée Mécanique），就像走進時光隧道。超過 3 百件 19 至 20 世紀的遊樂器材，是創辦人艾德・柴林斯基（Ed Zelinsky）自 11 歲起開始的蒐藏，如今顯得珍稀的投幣式骨董遊戲機，如音樂盒、玩偶算命仙、賽車……伴隨他成長，傳至下一代丹・柴林斯基（Dan Zelinsky），接連在舊金山第一個大型遊樂園 Playland、懸崖屋（Cliff House）展示，最後落腳漁人碼頭，歲月更迭下也成了眾人的共同記憶。不收門票，但想要看玻璃箱裡的老木偶在你面前跳舞、和角力士比腕力，或啟動以齒輪運作的美國早期遊樂場，投下美金 25 分，就能讓時光在心裡倒流。

文 / 李思嫻

© Thekohser / Wikimedia Commons

Info.

機械博物館（Musée Mécanique）

地址：Pier 45 Shed A, San Francisco, CA 94133

電話：+1-415-346-2000

單車遊六大景點

舊金山幾乎人人都有一台單車，有 3.4% 的上班族騎單車通勤，屢被評為全美對單車族最友善的城市之一，來此遊憩，騎單車無疑是最能體驗當地文化的方式之一。

© Kevin Cole / Wikimedia Commons

76 藝術宮
羅馬風格宏偉霸氣

來舊金山旅行，想體驗騎車的快意，可以從漁人碼頭出發，沿著車道一路往西騎，首站會來到建築仿造羅馬、希臘風設計的藝術宮（Palace of Fine Arts），它是 1915 年巴拿馬太平洋萬國博覽會（The 1915 Panama Pacific International Exposition）的展示建築之一，白天鵝、鴨子在人工湖水上划過幾道漣漪，步道和公園圍繞，日出及黃昏時在圓頂折射出的光芒最是美麗。

尤加利樹的香氣及綠蔭儘管再濃密，也抵擋不了藝術宮宏偉的霸氣，這座美國建築大師柏納德・梅貝克（Bernard Maybeck）的傑作，因為受到眾人喜愛，受到宮殿保存聯盟（Palace Preservation League）保護，因而免於被拆除的命運，接連舉辦過藝術展、成為戰後軍用停車場和暫時消防局司令部等，卻於 1964 年因年久失修而重建，由建築師漢斯・格爾森（Hans Gerson）依原型重新打造，保留圓頂、梁柱及大廳，並加上雕塑裝飾的作品。

湖水倒映出藝術宮的柔軟，走進一探，站在高 41 公尺的圓頂大廳中間，浸身建築的恢宏氣勢，太陽西斜時，夕陽的餘暉讓粉色的外牆染上金黃色的光，凸顯梁柱上象徵「沉思、驚奇及冥想」的哭泣女人雕刻中，義大利文藝復興（Rinascimento）時期風格雕塑的深度。藝術宮內部空間也值得一探，除了已遷移的探索博物館（Exploratorium）原址，不定期舉辦演唱會的藝術宮劇院（Palace of Fine Arts Theater）也極具吸引力。在夜晚打上燈，從遠方鳥瞰藝術宮，是水岸邊最美的一處休憩勝地。

Info.
藝術宮（Palace of Fine Art）
地址：3301 Lyon St., San Francisco, CA 94123

CRISSY FIELD
DEDICATED TO THOSE WHO FIND THIS
PARK A BEAUTIFUL PLACE TO DREAM
THE TRANSFORMATION OF THIS PARK
WAS MADE POSSIBLE FOR THE ENJOYMENT
OF ALL PEOPLE WITH A GIFT FROM THE
EVELYN AND WALTER HAAS, JR. FUND

© Marith / Wikimedia Commons

77 克里西菲爾德公園 水岸綠地運動空間

綠油油、平坦、寬敞，構成克里西菲爾德公園（Crissy Field）今日最受歡迎的條件，但在過去這裡是美國空軍的飛行場，且在 1974 年停用後留下眾多危險物質，所幸在美國國家管理局接手後加以整理，成為如今闔家歡的園地。

從藝術宮前行，到了宜人的克里西菲爾德公園，舊金山地標金門大橋愈來愈近，無論天氣是好是壞，都能再度令人讚歎金門大橋遠近皆宜的美景。平時這裡的克里西菲爾德公園中心（Crissy Field Center）會舉辦青少年環境保育研習營，重要節慶如 7 月 4 日國慶日時則聚滿準備隨著煙火歡慶的人群，也是居民踢足球、騎單車最舒服的綠地。

舊金山現代藝術館（SF MoMA）與管理局合作，邀集抽象表現主義（abstract expressionist）雕塑家馬克・迪・蘇維羅（Mark di Suvero）的 8 件大型抽象藝術雕塑作品，豎立在此，襯托出作品物件與地貌的衝突與和諧。沿著水岸慢慢散步，是除了騎單車外最能心神領會迷人加州地景的方式。

文 / 李思嫻

Info.
克里西菲爾德公園（Crissy Field）
地址：1199 East Beach, San Francisco, CA 94129

78 要塞公園
擁有絕佳視野的堡壘

要塞公園（Presidio of San Francisco）過去是地理位置絕佳的軍事堡壘，如今被《國家地理雜誌》（*National Geographic*）評選為 2015 年一定要去旅行的景點，是通往金門大橋賞心悅目的祕境。

位於舊金山北端突出的一塊山丘，想要進入要塞公園，免不了路經幾段陡坡才能抵達。自 19 世紀以來，要塞公園先是西班牙堡壘，而後持續以軍事用地之姿盤踞 2 百多年，在 1994 年由國家公園管理局接手後才變得平易近人。占地約 5.9 平方公里，道路悠悠蜿蜒其間，每一處轉角景色都是驚喜，隨意停在任一瞭望台，蔚藍的舊金山灣、太平洋，與遠方的山丘交織成最經典的加州風貌。

要塞公園曾在殖民時期扮演重大軍事角色，最初建造西班牙風格建築被保留下來，好比舊海岸警衛隊站（Old Coast Guard Station）、普西迪奧軍官俱樂部（Presidio Officer's Club），後者於 2014 年重新啟用為博物館，記載要塞公園一路演變的歷史軌跡。此外，華特迪士尼家族博物館（The Walt Disney Family Museum）也位於要塞公園，展示華特・迪士尼（Walt Disney）一生在插畫、動畫和電影等領域的成就，裡頭還有迪士尼樂園的模型。廣大的樹林間藏著一處露營地羅伯丘（Rob Hill Campground），身處其中，外頭城市的喧囂讓人感覺遙遠。

Info.

要塞公園（Presidio of San Francisco）

地址：San Francisco, CA 94129 舊金山市北端連結金門大橋一帶

電話：+1-415-561-4323

Schulenburg / Wikimedia Commons

79 金門大橋
白霧間折射細膩的國際橋

金門大橋是舊金山最具象徵的建築成就，地處舊金山灣與太平洋間的金門海峽，橫跨舊金山與對岸的馬林郡（Marin County），無論從何種角度欣賞都令人讚歎不已。

金門大橋於 1937 年開放前，往來舊金山與馬林郡只能靠搭船，經過各界一次又一次提案，最後由橋梁工程師約瑟夫・史特勞斯（Joseph Strauss）出線肩負重任。史特勞斯長年游走官方、民間協調，於 1933 年開工將建橋計畫付諸實現，這座曾一度被視為破壞景觀的「建築巨獸」，在他與負責藝術風格的艾爾文・莫爾（Irving Morrow）、工程師查理斯・埃里斯（Charles Ellis）等人合作下，如今在建築、藝術、交通、遊憩等層面都為人津津樂道。

©達志影像

長 2,737 公尺、寬 27 公尺、最高處達 227 公尺，曾是全世界最大的懸索橋，來回走一趟金門大橋至少得花上半小時。晴朗時金門大橋與海灣、山丘構築成搶眼卻和諧的畫面，但當大霧滾滾而來，金門大橋很快就被吞沒在白霧間，僅露出橋墩與頂端，而這也是當初莫爾決定將之漆成醒目的「國際橘」（International Orange）的原因。他精進原設計，注入更多別具巧思的裝飾藝術元素，好比塔架上有稜有角的線條，使大橋折射出更細膩的光影。

欣賞金門大橋的角度四面八方，只要在舊金山市區爬上山丘，就很有可能見到鮮豔的橋頂；騎單車到要塞公園，金門大橋會在不經意的轉角翩然現身；舊金山側可從西邊的貝克海灘（Baker Beach）、東邊的克里西菲爾德公園欣賞；馬林郡側的斯班賽砲台（Battery Spencer）讓你能從高處往下看金門大橋，景致最為恢宏。白晝黑夜的景色都讓人心醉，月亮升起，水面在金門大橋的燈光映照下波光粼粼，從鷹丘（Hawk's Hill）遠眺，背景則是整面舊金山市區，令人過目難忘。

Info.

金門大橋（Golden Gate Bridge）

地址：Golden Gate Bridge, San Francisco, CA 94129

VENICE
VENICE
SINCE 1963
PIZZERIA
bridgeWay Cafe
PUBLIC
PARKING
PARKING

©達志影像

80 索薩利托 義大利小漁村的地中海風情

騁著風穿越金門大橋，對岸是保留更原始自然況味的馬林郡，其中索薩利托（Sausalito）這座城市以一派地中海風閒適風情，吸引想暫離舊金山一會兒的遊人。

從舊金山一路馳騁到索薩利托，是最知名的單車路線之一，雖然需要費些力才能抵達，得來的經驗與沿途景色卻是無價。過去這曾是義大利小漁村，索薩利托是從西班牙文翻譯而來，有「小柳樹林」之意，大大小小的餐館、旅館、紀念品店和冰淇淋店等順著「橋路」（Bridgeway）延展，除了山丘上的豪宅之外，最能代表當地歷史演變的建築是船屋。第二次世界大戰後許多當地人運用廢棄船隻建材，蓋起超過 4 百棟船屋，形成特殊的船屋水上聚落。

帆船在湛藍的舊金山灣上悠揚，索薩利托俱樂部（Sausalito Yacht Club）聚集帆船愛好者，你也可以加入他們之中，或者沿著木棧道散步，近賞帆船的精緻細節，一路走到加利利港（Galilee Harbor），發現藝術家威而卡森（Heather Wilcoxon）的奇想藝術品，上千件玩具層層堆砌在一台老車，寫上希望大家善待藝術品的標語。許多單車騎士會在這稍作歇息，吃些早午餐、小點心，繼續往馬林郡其他城市前行，或者在這迷人的歐陸風情小城多待一會兒，再搭乘可攜帶單車的渡輪返回。

Info.

索薩利托（Sausalito）

位置：位於舊金山北方的馬林郡，靠近金門大橋的北端，理查森灣（Richardson Bay）以西

交通：可搭乘藍金號渡輪（Blue & Gold Fleet）往返舊金山；開車可由舊金山出發，沿著 101 號公路往北 Rodeo Ave 出口下，約 15 分鐘即可抵達

81 蒂伯龍 寧靜宜人的水岸情調

比起觀光客絡繹不絕的索薩利托，蒂伯龍（Tiburon）顯得更加寧靜宜人，得天獨厚的地理位置讓人輕易將美景盡收眼底，難怪許多氣派卻不失典雅的豪宅皆坐落於此。

蒂伯龍在索薩利托的對岸，中間以理查森灣（Richardson Bay）相隔，從這遠眺舊金山的天際線，前景是保有自然風光的天使島（Angel Island），夏日當滾滾濃霧籠罩舊金山之時，景致更顯超現實的美感。就算不坐擁豪宅，在天堂海灘公園（Paradise Beach Park）野餐、釣魚，也能享受同樣的生活情調。離開水岸，往山丘上走去，爬上老聖希拉瑞的開放自然保護區（Old St. Hilary's Open Space Preserve）的白色教堂，就是能 360 度盡覽北灣景致的絕佳地點。蒂伯龍同樣有渡輪可搭回天使島或舊金山。

文 / 李思嫻

Info.

蒂伯龍（Tiburon）

位置：位於舊金山北方的馬林郡，理查森灣以東，蒂伯龍半島（Tiburon Peninsula）南端

交通：可搭乘藍金號渡輪（Blue & Gold Fleet）往返舊金山；開車可由舊金山出發，沿著 101 號公路往北，接 131 號公路往東一路開到底，約 30 分鐘即可抵達

六個漫遊好去處

非常著迷於嬉皮文化的路嘉怡認為，漫遊散步舊金山，是深度認識它最好的方式。

82 朵勒斯公園 裸體沙灘上日光浴

如果你問舊金山年輕人他們最常在哪消磨時光？答案多半是朵勒斯公園（Dolores Park）。無論平日或假日，人們最愛來這曬太陽、野餐，夏日總有數不盡的活動與派對在這上演。

朵勒斯公園是舊金山最早成立的公園之一，於 1906 年正式從猶太人的墓園改建為開放給市民的綠地，南高北低，被 18 街、20 街、教堂街（Church Street）及朵勒斯街（Dolores Street）包圍，緊鄰外觀像是教堂般奪目的米慎高中（Mission High School）。舊金山最老的建築物米慎朵勒斯教堂（Mission Dolores Church）就在兩個路口外，因為米慎區的微型氣候特質多為陽光普照，較少讓人感到冷颼颼的霧氣，因此朵勒斯公園很適合做日光浴，最高處的陸地也

被暱稱為裸體沙灘（Nude Beach）。

在 1906 年時因為舊金山遭受地震及無情大火摧毀，政府安置超過 1 千 6 百位難民在此建立家園，而隔年街車 J 線也開始運行，讓各處的人們來這更加便利。公園內有兒童專屬的海倫迪勒遊樂場（Helen Diller Playground），以及籃球、網球場，每到夏日週末幾乎都會舉辦戶外電影院、演唱會等活動。年輕人帶著音響自己播音樂，盤據可盡覽舊金山市區的草地，吃著對街排隊名店「雙禮乳品」（Bi-Rite Creamery）賣的鹹焦糖（Salted Caramel）口味冰淇淋，自顧自辦起派對。

文 / 李思嫻

Info.
朵勒斯公園（Dolores Park）
位址：19th & Dolores Street, San Francisco, CA 94114

© Daderot / Wikimedia Commons

83 金門公園 世界第一大的城市公園

舊金山的金門公園是全美占地最大的一塊城市綠地，過去曾荒蕪一片，在綠化成功下，蔥鬱的巨木、博物館、花園和湖泊等，才構成金門公園最讓人傾心的畫面。

1870 年代金門公園成形前，舊金山西側向太平洋的地區多霧、滿是寸草不生的沙丘，縱使距離熱鬧的市區不遠，仍被稱為「境外之地」（Outside Lands）。彼時居民對綠地的需求及渴望日增，土木工程師威廉．霍爾（William Hammond Hall）和園藝家約翰．麥拉倫（John McLaren）先是種植大量尤加利樹、金冠柏樹及松樹，而後一步步勾勒出整體紋理，如今金門公園比紐約中央公園（Central Park）還大上 20%，是世界第一大的城市公園，漫步行走其間，完全不覺身處都市，遊憩規畫豐富，讓這座公園處處是驚喜。

白色的溫室花房（Conservatory of Flowers）已有上百年歷史，與鄰近的加州科學館（California Academy of Sciences）、迪楊美術館及日式茶園構成一天都逛不完的博物館、美術館區。夏日時舊金山交響樂隊週週在戶外帶來精彩免費表演，廣闊的綠地讓民眾隨躺隨臥、慢跑、健行、溜直排輪，或跟著人群學跳著騷莎舞（salsa），在晴朗的午後來到植物園（Botanical Garden）賞盡橫跨 5 大洲的植物、史托湖（Stow Lake）划船、到牧場近距離看美洲野牛，等到夕陽時分走向海洋海灘（Ocean Beach），見著紅橙橙的夕陽西下……金門公園的大小景點無數，花上一整個週末都逛不完。

文 / 李思嫻

Info.

金門公園（Golden Gate Park）

地址：Golden Gate Park, San Francisco, CA 舊金山西北側

電話：+1-415-831-2700

©達志影像

84 九曲花街
又陡又美的繡球花彎道

倫巴底街（Lombard Street）上有舊金山最美，也最崎嶇的道路，8道急轉彎在該路的「九曲花街」路段間蜿蜒，春夏花朵盛開時最為生機蓬勃。

倫巴底街是條東西向貫穿舊金山北邊牛谷區（Cow Hollow）的道路，交通總是壅塞，但其中位於俄羅斯山區（Russian Hill）的「九曲花街」，因為又陡又美而聲名大噪。車輛只能由上坡往下行經九曲花街路段，每小時限速僅 5 哩，由於遊客眾多，自拍、合影的群眾常堵在車輛通行的街道，加上叮噹車（Cable Car）「跑華-海德線」的其中一站也在此，因此該路段於夏季及國定假日禁止車輛通行。

雖然許多説法都以「舊金山最陡的路」介紹九曲花街，但事實上坡度 27% 的九曲花街不是舊金山最陡的道路，坡度 41% 的布拉德福德街（Bradford Street）靠近湯普金斯大道（Tompkins Ave）的路段才是。九曲花街於 1923 年從原本的直線改為目前的彎曲狀，兩側的人行道是階梯，最美的時節是春夏繡球花綻放之時，春天限定的櫻花也是賞花重點。

Info.
倫巴底街（Lombard Street）
位置：九曲花街介於海德街（Hyde Street）及里維沃斯街（Leavenworth Street）間。

85 叮噹車總站
起伏中體驗城市風光

世界僅存仍以人工手動運行的叮噹車，是到舊金山一定要搭一次的乘車體驗，過去曾有 23 條路線，如今保存其中 3 條，於諾布區（Nob Hill）的跑華街（Powell Street）及加州街（California Street）交會。

舊金山最醒目的地標之一就是叮噹車「跑華-海德線」、「跑華-梅森」（Powell-Mason）線位於跑華街靠近市場街（Market Street）處的總站。叮噹車除了沿途風景，總站也是不能錯過的打卡景點，因為叮噹車在既成軌道上單向行駛，起點、終點站都有轉盤，車掌得跳下車親自調轉車身方向。於 1873 年開始運作的叮噹車，之所以能暢行起起伏伏的舊金山，全靠地下纜線拉動，而纜線的馬達就位於可免費參觀的纜車博物館（Cable Car Museum）。

想搭上叮噹車，通常得排上至少半小時的隊伍，等待時不僅可拍照殺時間，街頭藝人也往往選在人潮眾多的總站表演，最受歡迎的路線是南北向的「跑華-海德線」，因為可途經另一大觀光重點「九曲花街」。叮噹車終站位於漁人碼頭附近，而東西向的「加州街線」貫穿繁華的市中心摩天樓及唐人街，由上往下的景致最為振奮人心。許多人會選擇抓住扶手，站在叮噹車兩側，駛向海灣時的視野一級棒。

Info.

叮噹車（Cable Car）

位址：地鐵跑華站（Powell Street Station）出口，可搭「跑華-海德線」、「跑華-梅森」線，「加州街線」則位於加州街及市場街交叉口一帶

票價：單程美金6元

纜車博物館（Cable Car Museum）

地址：1201 Mason St, San Francisco, CA 94108

電話：+1-415-474-1887

MARKET STREET &
AND MARKET
23
covers the
Bay Area.
FISHERMANS WHARF
©達志影像

HILLS BROS COFFEE

86 海灣大橋
世界上最寬的跨海橋

金門大橋往北，海灣大橋朝東，是舊金山通往東灣（East Bay）的聯外道路，儘管名氣尚未達到鼎盛，但早在 1936 年 11 月就通車，硬是比金門大橋早了 6 個月。

每日乘載超過 2 萬 4 千輛汽車，這座懸索橋有東、西兩段，中間貫穿芳草島（Yerba Buena Island）隧道，連接舊金山及對岸的奧克蘭。西段是雙層懸索橋，而東段因安全因素停止使用，取而代之的是於 2013 年啟用的新橋，在舊橋尚未完全拆除前，兩座橋並列在舊金山灣上前後輝映，新橋上設有人行步道、單車道，被金氏世界紀錄認定為世界上最寬的橋。

從安巴克德羅中心（Embarcadero）欣賞，最能領略海灣大橋的結構之美。不只白天，海灣大橋的夜景更勝一籌，不僅是跨年煙火最美麗的背景，由非營利組織「照亮藝術」（Illuminate the Arts）策畫，藝術家里歐・維拉里爾（Leo Villareal）創作的燈光雕塑作品「海灣之燈」（Bay Lights），於 2013 年開始運作，他們將 2 萬 5 千顆 LED 燈裝上大橋，讓燈像是汩汩流洩的閃亮結晶，在大橋上優雅變幻出閃耀光芒，由於反應極佳，「海灣之燈」成為海灣大橋的永久裝置。

Info.
海灣大橋（Bay Bridge）
位置：I-80 州際公路連接舊金山與奧克蘭段

87 天使島
360度盡覽舊金山灣

舊金山天使島正如紐約愛麗絲島（Ellis Island），乘載著移民的血淚史，重生後成為適合郊遊踏青的州立公園，同時也是舊金山灣區最大的島嶼。

搭上渡輪前往天使島，許多人會牽著單車上島騎一圈，或者抵達後徒步健行至最高點卡羅萊納利弗莫爾山（Mount Caroline Livermore），這座 240 公尺高的山位於天使島的中心點，沿途不時可見遺留下來的前軍事基地，登頂後可以 360 度盡覽整座舊金山灣的壯麗，空氣潔淨下最遠可以望見舊金山北邊的納帕谷、以南的聖荷西（San Jose）。

島上有一處天使島移民站（Angel Island Immigration Station），是限制華人移民條款（Chinese Exclusion Act）下，1910 年至 1940 年間移民前進美國的中繼站。當時追尋美國夢的移民都必須待在島上接受審查，由移民官決定可移民至美國或遣返，許多移民一待就是數年。如今想在天使島過夜，唯一的方法是在營地搭帳篷，趁夜晚遠眺璀璨的都會光景，享受當一日島主的感覺。

文 / 李思嫻

Info.
天使島（Angel Island）
交通：從舊金山、奧克蘭及阿拉米達（Alameda）可搭乘藍金號渡輪；從蒂伯龍可搭蒂伯龍 / 天使島渡輪（Tiburon/Angel Island Ferry）

Defending the Bay
Battery Ledyard, built in 1899, was one of three Angel Island batteries installed to defend San Francisco Bay. Located at Point Knox, it was armed with two five-inch wire-wound guns. Battery Ledyard was named for Lt. August C. Ledyard, 6th Infantry, who was killed in the Philippine American War the same year. In 1915 the Army declared batteries Ledyard, Drew, and Wallace obsolete and the guns were removed from the island.

五家好吃小鋪

如果你在舊金山只有一天的時間，那就去渡輪大廈（Ferry Building）和維廉希亞街（Valencia St.），嘗嘗街上的咖啡館、起司吧等小鋪，體會舊金山人對微小事物的完美堅持。

石吉弘攝

88 Fourbarrel Coffee
熱情咖啡師的手沖風味

舊金山及奧克蘭風行「第三波咖啡」的概念，咖啡也講究生產源頭、風土與手作者的工藝，而「四桶咖啡」（Fourbarrel Coffee）就是代表店家之一。一踏入店裡，挑高的木質空間就讓人放鬆，大型的老式烘豆機正在運作，飄散出陣陣咖啡香氣。

「四桶咖啡」直接到咖啡豆生產地向咖啡農買豆，去理解豆子的生長環境及過程，再依每種豆子的不同特性來烘豆。這裡設有一座「咖啡吧」提供手沖的單品咖啡，才剛進門，你就會被咖啡師艾倫（Bradley Allen）邀請去聞香、杯測，為你詳述每種豆子的特性。咖啡香很迷人，不過咖啡師在敘述咖啡時熱烈卻優雅的神情，更令人著迷。

Info.
四桶咖啡（Fourbarrel Coffee）
地址：375 Valencia St., San Francisco, CA 94103
電話：+1-415-896-4289

石吉弘攝

89 Tacolicious
墨西哥小吃紅到變餐廳

到舊金山絕不要錯過墨西哥菜，「墨西哥美味餅」（Tacolicious）供應的墨西哥國民美食「Taco」（墨西哥餅）口味正宗多元，依季節變換食材，同時講究材料的永續及有機來源。Tacolicious 成立於 2009 年，一開始是舊金山渡輪大廈外農夫市集的一個攤位，受到相當的歡迎，現在舊金山共有 3 家餐廳。創辦人喬．哈格維（Joe Hargrave）認為，即便在墨西哥，墨西哥餅也是可以在餐廳裡坐下來好好享用的美食，於是將原本的街頭小吃帶入餐廳。餐廳有庭院戶外座位，在陽光和煦的夏季，點上各式墨西哥餅，有種閒適歡欣的氣氛，感覺像在海濱餐廳度假。

石吉弘攝

Info.

墨西哥美味餅（Tacolicious）

地址：741 Valencia St., San Francisco, CA 94110

電話：+1-415-626-1344

石吉弘攝

90 Tartine
烘焙名店烤出招牌可頌

1992 年就開始經營的烘焙名店唐緹（Tartine），排隊熱潮不斷，低調沒有招牌卻總是充滿烘焙香氣及熱鬧氛圍。美國自然飲食運動發起人華特斯以「正宗、值得信賴」來形容此店，這裡沒有花稍的裝飾或口味，講求實在用料。經營者是一對夫妻，早期從烹飪專業學校畢業後，在歐洲的麵包店工作一段時間，將歐式麵包帶回美國。招牌商品之一是「可頌麵包」（croissant），酥香不油膩，口感稍偏扎實。每天下午 4 點半後，供應新鮮出爐的鄉村及穀類麵包，以燒木材的磚爐烤製而成。跟其他用餐者共享一張大桌子喝咖啡、吃麵包，是相當稀鬆平常的事。

石吉弘攝

Info.
唐緹（Tartine）
地址：600 Guerrero St., San Francisco,CA 94110
電話：+1-415-487-2600

石吉弘攝

91 Mission Cheese
匯聚美國當紅酪農起司

「起司任務」（Mission Cheese）是家概念新穎的「起司吧」，到酒吧要喝酒，到起司吧當然就能品嘗到全美各地酪農職人的手作起司。創辦人莎拉．德佛瑞克（Sarah Dvorak）對於起司有高度熱情，她走遍美國各地尋訪酪農及農場，尋找優質起司來源，再集中店裡販售，舊金山當紅的「女牛仔乳品」（Cowgirl Creamery）等品牌一應俱全。這裡充滿時尚、輕鬆的小酒館氛圍，亦提供三明治等輕食，點盤起司，配葡萄酒、啤酒，餐後再點杯咖啡，度過悠閒下午。

石吉弘攝

Info.

起司任務（Mission Cheese）

地址：736 Valencia St., San Francisco, CA 94110

電話：+1-415-553-8667

92 Bi-Rite Market
50 年食品嚴選老鋪

「雙禮市場」（Bi-Rite Market）是家概念新穎的 50 年食品雜貨老鋪，第一代老闆從 1964 年開始營業，小巧溫馨的社區型商店，供應所有生活上的食物需求，不但美味，而且來源都健康安全。逛 Bi-Rite Market，感覺像是身在井然有序的傳統市場，五顏六色的蔬果，讓顧客自己動手挑選，魚貨及肉類安置在冰櫃中，由專門人員提供專門知識。但有別於傳統雜貨店或是超市，Bi-Rite Market 強調自己不是仲介角色，而是直接向漁夫、農夫或是牧場採購，同時注重永續生產，整家店都是老闆嚴選的好物。就算旅行沒法開伙，也可以來這兒買熟食和當季水果，以及當日出爐進貨的手工麵包，散步到附近的朵勒斯公園野餐。

文 / 游惠玲

Info.
雙禮市場（Bi-Rite Market）
地址：3639 18th St., San Francisco, CA 94110
電話：+1-415-241-9760

八間人文小店

喜歡用跑步蒐集城市的奧美廣告執行創意總監龔大中，在舊金山完成人生首次半馬（21 公里）的紀錄。慢下腳步，他說在舊金山不妨一區區的走，逛逛老房子、有機店，好好感受這城市的人文精神。

石吉弘攝

93 城市之光
文人交流的歷史聖地

「城市之光」是舊金山最知名的獨立書店、出版社，1953 年開始就成為北灘文人們聚集思辨的場域，因為出版詩集《嚎叫》飽受爭議後聲名大噪。

獨立書店的選書往往等同店主的性格，由詩人勞倫斯・費林赫迪（Lawrence Ferlinghetti）及彼得・D・馬丁（Peter D. Martin）共同創立的城市之光，主要販售舊金山當地獨立刊物、世界文學、藝術及進步主義意識形態之讀物，同是非營利機構城市之光基金會，由於當時北灘文學思潮方興未艾，這裡也成為文人相互交流的園地，至今你仍能感受這種濃厚的文學氣息。

一進門就能感受悠悠的老氣味，走上二樓，蒐藏所有垮世代文學經典的詩集房（Poetry Room）在此，年度的「巷弄間藝術」（Art in the Alley）活動讓書店隔壁，以《在路上》作家傑克・凱魯克命名的傑克凱魯克巷洋溢迷人的情調，你可以駐足於此聆聽爵士樂團的演出，或者回到地下室參加一場朗讀會。因為別具歷史文化意義，也讓城市之光進入舊金山歷史名勝之列。

文 / 李思嫻

石吉弘攝

Info.

城市之光（City Lights Bookstore）

地址：261 Columbus Avenue, San Francisco, CA 94133

營業時間：10：00 ~ 24：00

94 Dog Eared Books
文青必逛的獨立書店

色彩繽紛、具體而微的社區型小書店引人駐足。「書摺書店」（Dog Eared Books）是一家綜合類書店，二手、新書、回頭書，各種主題書籍都有一些，但更專精在垮世代、小眾出版以及當地文學上。這裡的選書其實就是店主的眼光。「舊金山城市」主題書區，幫讀者篩選出關於這座城市好讀、好看的書籍，不只是旅遊書，更有文學、攝影或是插畫書籍，方便讀者貼近舊金山。店裡的每張標示都是手寫，充滿人味，是閱讀的好去處，光是欣賞店外繽紛的色彩及店內的陳設布置，也令人興味盎然。

文 / 游惠玲

Info.
書摺書店（Dog Eared Books）
地址：900 Valencia St., San Francisco, CA 94110
電話：+1-415-282-1901

95 826 Valencia 專賣海盜商品的雜貨店

「826 瓦倫西亞」（826 Valencia）是一家「海盜用品補給店」（pirate supply store），賣所有跟海盜有關的東西，像是海鹽、旗子、虎克船長的鉤子、書籍等；不過，它的真實身分是個課輔中心。在建築物的後方有個「寫作中心」（Writing Center），2002年由作家戴維．伊格（Dave Eggers）創辦，目的是讓 6 到 18 歲的孩子，在過去這不平靜的社區，下課後能有個地方，透過寫作建立自信，課程完全免費。孩子們的小說故事，還會被蒐錄並印製成期刊出版。海盜店販售的產品收入，則能夠支付房租及寫作中心的運作。現在，這個計畫早已走出舊金山，在紐約、洛杉磯等城市開枝散葉，多年前的一個好點子，在今天開出美麗的花。

文 / 游惠玲

Info.
826瓦倫西亞（826 Valencia）
地址：826 Valencia St., San Francisco, CA 94110
電話：+1-415-642-5905 ext 201

石吉弘攝

96 Harrington Galleries 充滿擺設靈感的老家具行

「哈靈頓藝廊」（Harrington Galleries）這家成立超過 40 年的家具行，是許多人找居家設計靈感的地方。物件多、流動快，讓 Harrington Galleries 的家具展示週週都能有變化。骨董或二手家具大多來自灣區，店家或修復或重新油漆後，賦予新生命。同時也販售新家具，新舊如何混搭，是現代居家的重要課題；亦有燈飾、杯盤等小物件。兩年前，「城市單車」（City Bike）店也進駐 Harrington Galleries，強調輕質耐用的不鏽鋼架及舒適的座椅、漂亮的外觀等，讓騎車變成一件優雅的事情，也成為家具店裡的另一幅美麗風景。

文 / 游惠玲

Info.

哈靈頓藝廊（Harrington Galleries）

地址：599 Valencia St., San Francisco, CA 94110

電話：+1-415-861-7300

97 Mission Bicycle 完全訂製的工藝自行車

舊金山自行車風行，光是維廉希亞街上，就會看到不少間自行車品牌。走進「單車任務」（Mission Bicycle），整個空間都展示著自行車組件。在這裡，顧客可依自己的身型、需求，客製化一台最適合自己的自行車，從坐墊、把手、車身、變速器、輪胎及顏色都能自行選擇，而且，全部是由專業人員手工製作。觀光客不太可能來此訂製自行車，但進到店裡，就可以感受到自行車如同工藝品般被悉心照顧對待。

文 / 游惠玲

Info.
單車任務（Mission Bicycle）
地址：766 Valencia St., San Francisco, CA 94110
電話：+1-415-683-6166

BARRAGE
ROLLTOP PACK
CITIZEN
MESSENGER BAG
MINI METRO
MESSENGER BAG
PICK YOUR MATERIAL
CHOOSE YOUR TRIM
CHROME
CHROME

石吉弘 攝

石吉弘攝

98 Chrome
現場訂做的軍用級郵差包

Chrome 是美國西岸極受歡迎的郵差包品牌之一，在紐約、柏林、東京等大城市都有店家，最大的特色是超級耐用、外型酷炫。採用國際軍用級的超耐磨布料，以雙層防水布縫製，不怕風吹雨淋，符合郵差包耐操的精神。

凡事不喜歡跟別人一樣的舊金山人，也喜歡在此訂做屬於自己的包款，顏色組合大膽、自由度高，材質亦可挑選，更是樂趣所在。而現在 Chrome 產品線多元，皮夾、背包等各式包款，以及鞋子、服飾等都有，同樣使用耐用材質，強調「設計是為了實用性與目的性而產生，反對無意義的設計。」

文 / 游惠玲

Info.
克羅（Chrome）
地址：962 Valencia St., San Francisco, CA 94110
電話：+1-415-874-9232

石吉弘攝

99 Synergy
尼泊爾手製的有機服飾

「合作」（Synergy）純有機棉服飾的設計低調溫柔，是那種穿上去就會成為身體一部分的舒適剪裁，貼近身體曲線，具現代感但又不追流行，與人造纖維的觸感不同。總公司位在加州聖塔克魯茲（Santa Cruz），為加州本地品牌，創辦人凱特．費雪（Kate Fisher）1993 年到尼泊爾及印度旅行，開啟了結合東西方文化服飾設計的機緣。2006 年，品牌誕生，絕大部分的有機棉都來自於印度，以對環境衝擊低的染料製成，並在尼泊爾手工製作，採公平貿易的方式，和製造者有長期的夥伴關係。店鋪內外觀就像它的服裝設計，單純、沒有鋪張的裝飾，一不小心就會錯過，但走入內，又會覺得放鬆、不想出來。

文 / 游惠玲

Info.
合作（Synergy）
地址：969 Valencia St., San Francisco, CA 94110
電話：+1-415-539-0612

100 Taylor Stitch 顛覆老派的訂製休閒襯衫

一般認為「訂製西裝」一定又貴又正式，可能還很老氣，青春活潑的「裁縫針腳」（Taylor Stitch）顛覆刻板印象，連休閒襯衫都可訂製。資深店員解釋，在舊金山，穿正式西裝的人其實不多，休閒式襯衫應運而生，正式、休閒場合兩相宜。即便是休閒襯衫，訂製起來也不馬虎，除了能夠選擇花色及布料之外，Taylor Stitch 更將一件襯衫的結構組織拆解得很細，像是領口、袖口、口袋、開襟方式、鈕扣等樣式，都能任君選擇。成衣也很精彩，每週三早上，店裡及網路上都會有新款式出爐，每個系列都是舊金山設計、獨一無二，且數量不多，讓顧客能夠時時保有新鮮感又不易撞衫。

文 / 游惠玲

Info.
裁縫針腳（Taylor Stitch）
地址：383 Valencia St., San Francisco, CA 94103
電話：+1-415-273-9423

Info.
舊金山 San Francisco

舊金山為美國加州第四大城，是北加州商業與文化發展中心。舊金山與南邊聖馬刁郡、南灣聖荷西與矽谷地區、東灣奧克蘭與柏克萊，以及北邊馬林郡與納帕郡合稱為舊金山灣區。

舊金山綿延的丘陵地形、多霧及涼爽的夏季是最大的特色。有很多藝術家、作家和演員居住在此，這裡也是嬉皮文化和近代自由主義、進步主義的中心之一。

位置：舊金山位處舊金山半島北端，東臨舊金山灣、西臨太平洋。

人口：約 83 萬。

面積：約 600 平方公里。

氣溫：典型涼夏型地中海式氣候，夏日平均高溫 20℃、低溫可低於 10℃；冬季均溫 10℃。

時差：較台灣慢 16 小時（3 月底至 10 月底日光節約時間較台灣慢 15 小時）。

小費：餐廳帳單內已含小費或服務費，則不必另外支付小費，否則以帳單總額 10%（中餐）至 15%（晚餐）為宜；計程車小費則為車資的 10 至 15%。

交通：大眾交通工具有平面纜車 Cable Car，又稱叮噹車；輕軌電車則有 F、J、K、L、M、N、T 線；另有灣區捷運 BART、無軌電車及巴士。

撥號：美國打到台灣：011+886-x（區域號碼去掉 0）-xxxx-xxxx；台灣打到美國：002+1-xxx（區域號碼 3 碼）-xxx-xxxx。

地圖來源：達志影像

美國地圖

舊金山

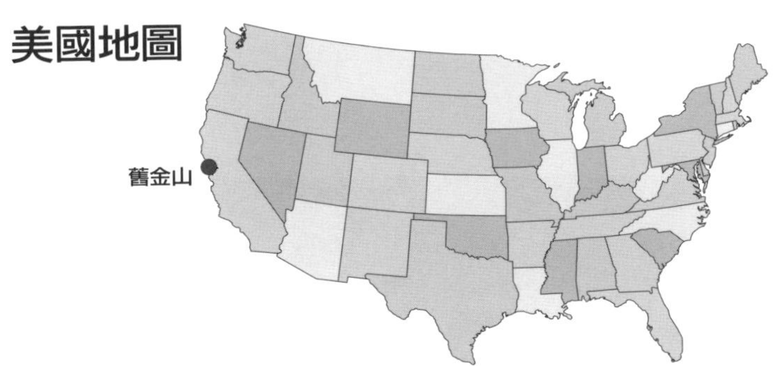

舊金山灣區地圖

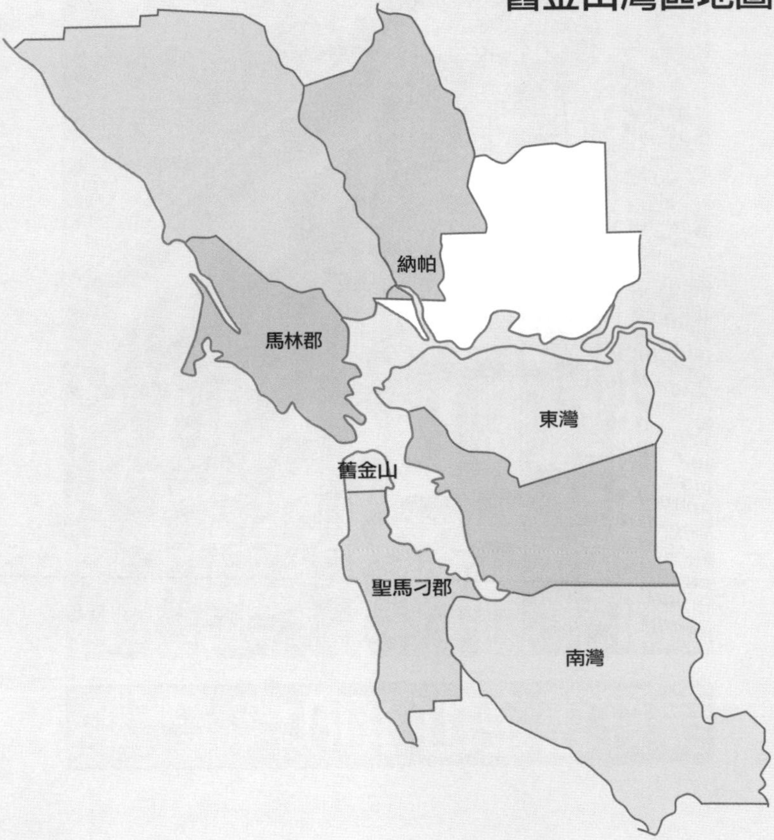

納帕
馬林郡
東灣
舊金山
聖馬刁郡
南灣

石吉弘攝

美好舊金山 100 個你一定要知道的關鍵品味

美好舊金山 100個你一定要知道的關鍵品味

作者 游惠玲等
商周集團榮譽發行人 金惟純
商周集團執行長 王文靜
視覺顧問 陳栩椿
商業周刊出版部
總編輯 余幸娟
責任編輯 林美齡
封面設計 張福海
內頁設計完稿 吳靜宜
出版發行 城邦文化事業股份有限公司-商業周刊
地址 104台北市中山區民生東路二段141號4樓
傳真服務 （02）2503-6989
劃撥帳號 50003033
戶名 英屬蓋曼群島商家庭傳媒股份有限公司城邦分公司
網站 www.businessweekly.com.tw
製版印刷 中原造像股份有限公司
總經銷 高見文化行銷股份有限公司 電話：0800-055365
初版1刷 2015年（民104年）6月
定價 340元
ISBN 978-986-6032-97-4（平裝）

國家圖書館出版品預行編目(CIP)資料

美好舊金山：100個你一定要知道的關鍵品味 / 游惠玲等作. -- 初版. -- 臺北市：城邦商業周刊, 民104.06
面； 公分

ISBN 978-986-6032-97-4(平裝)

1.遊記 2.美國舊金山

752.77169 104007019

說出品味故事，成就你的與眾不同。